Enfin je dors...
et mes parents aussi

2e édition

Collection du CHU Sainte-Justine
pour les parents

Enfin je dors...
et mes parents aussi

2e édition

Evelyne Martello

Éditions du
CHU Sainte-Justine

Catalogage avant publication de Bibliothèque et Archives nationales du Québec et Bibliothèque et Archives Canada

Martello, Évelyne

    Enfin, je dors... et mes parents aussi
    2ᵉ édition.
    Comprend des références bibliographiques.

    ISBN 978-2-89619-725-5

    1. Troubles du sommeil chez l'enfant - Ouvrages de vulgarisation. 2. Enfants - Sommeil - Ouvrages de vulgarisation. I. Titre.

    RJ506.S55M37 2015   618.92'8498   C2015-940777-X

Illustration de la couverture : Sébastien Saint-Pierre
Conception graphique : Nicole Tétreault

Diffusion-Distribution au Québec : Prologue inc.
                    en France : CEDIF (diffusion) – Daudin (distribution)
                    en Belgique et au Luxembourg : SDL Caravelle
                    en Suisse : Servidis S.A.

Éditions du CHU Sainte-Justine
3175, chemin de la Côte-Sainte-Catherine
Montréal (Québec) H3T 1C5
Téléphone : (514) 345-4671
Télécopieur : (514) 345-4631
www.editions-chu-sainte-justine.org

© Éditions du CHU Sainte-Justine 2015
    Tous droits réservés
    ISBN 978-2-89619-725-5 (imprimé)
    ISBN 978-2-89619-726-2 (pdf)
    ISBN 978-2-89619-727-9 (ePub)

Dépôt légal : Bibliothèque et Archives nationales du Québec, 2015
              Bibliothèque et Archives Canada, 2015

ASSOCIATION NATIONALE DES ÉDITEURS DE LIVRES

Membre de l'Association nationale des éditeurs de livres

Chaque soir (berceuse)

Chaque soir
Est un beau soir
Quand vient le temps de dire bonjour aux rêves
Chaque soir
Est un beau soir
Quand une autre journée d'amour s'achève
Car la nuit
Qui vient déjà
Te prend par la main pour aller plus loin
Au pays des rêves doux
Ferme tes grands yeux et à demain…matin.

(Paroles et musique : Jean-Guy Moreau)

REMERCIEMENTS

J'aimerais remercier les personnes suivantes :

- La docteure Céline Belhumeur, pédiatre développementaliste et spécialiste en troubles de sommeil au CHU Sainte-Justine et à l'Hôpital Rivière-des-Prairies. Elle m'a beaucoup aidée à développer mes connaissances et mon expérience clinique. Je la remercie pour la confiance et le soutien qu'elle m'a accordés au cours des 20 dernières années, pour les conseils judicieux qu'elle m'a donnés dans l'élaboration du présent livre et pour avoir accepté de le préfacer ;

- La docteure Dominique Cousineau, pédiatre développementaliste, qui m'a confié la responsabilité de rédiger cet ouvrage ;

- Mon conjoint, Sylvain, pour son sens critique dans la lecture des textes ; mes enfants, Jean-Christophe et Béatrice, qui m'ont permis d'appliquer des conseils et des éléments de solution présentés dans ce livre. Un merci tout particulier à ma fille Béatrice qui m'a permis, en vivant quelques problèmes de sommeil, de découvrir les bienfaits et les vertus de certains produits naturels dont il est question ici ;

- Francine O'leary, mère et orthophoniste au Centre montérégien de réadaptation, pour ses commentaires constructifs sur les textes ;

- L'équipe des Éditions du CHU Sainte-Justine, Marie-Ève Lefebvre et Marise Labrecque, pour leur soutien dans la rédaction du livre ;
- Dominica Labasi, travailleuse sociale au CLSC Saint-Louis-du-Parc, qui m'a offert son expertise et ses conseils pour la section traitant de l'adoption ;
- Feu Jean-Guy Moreau, humoriste et compositeur, qui m'a autorisée à reproduire ici le texte d'une petite berceuse qu'il a composée et qui saura vous inspirer autant qu'elle m'a charmée ;
- Roger Godbout, professeur titulaire, Département de psychiatrie, Université de Montréal et psychologue responsable de la clinique de sommeil de l'Hôpital Rivière-des-Prairies, pour son sens critique, ses connaissances théoriques et cliniques et pour son aide dans l'acquisition de mes connaissances sur les troubles du sommeil en psychiatrie ;
- Enfin, à tous les parents qui m'ont fait confiance en me soumettant leurs problèmes et en me poussant à chercher des moyens et des solutions pour les aider, ainsi que leurs enfants, à mieux dormir la nuit…

PRÉFACE

Nombreux sont les parents dont l'enfant présente un problème de sommeil. Il leur semble cependant que tous les enfants de l'entourage immédiat dorment paisiblement la nuit… Quoi de plus normal, puisque la nuit est faite pour dormir !

Pourtant, près d'une consultation pédiatrique sur cinq est initiée par des parents dont l'enfant présente un problème de sommeil. Malgré leur apparence bénigne, les problèmes de sommeil de l'enfant sont fréquemment la cause d'une grande détresse familiale. Le manque de sommeil affecte le fonctionnement quotidien de l'enfant et a un impact sur ses apprentissages. La fatigue excessive des parents entraîne conflits conjugaux, tensions familiales, absentéisme, problèmes scolaires, troubles psychologiques… situations dont l'impact peut être considérable.

Le développement d'une bonne hygiène de sommeil, nécessaire à l'établissement d'un cycle de sommeil régulier, n'est pas inné chez l'enfant. Comme dans toutes les autres sphères de son développement, il a besoin d'être guidé et encadré. Les parents, comme dans bien d'autres domaines, sont les premiers maîtres d'œuvre. Dans leur quête de soutien pour cette tâche délicate, ils sont inondés d'informations plus ou moins pertinentes et parfois même contradictoires. Comment, alors, s'y retrouver ?

Forte d'une vingtaine d'années d'expérience en clinique de sommeil et en consultations familiales, Evelyne Martello prononce également de nombreuses conférences, fait régulièrement des entrevues dans les médias et tire partie son expérience parentale pour mieux guider les parents. Elle propose une variété de conseils pratiques, de stratégies et de moyens concrets qui se sont avérés efficaces pour aider les enfants à bien dormir... et leurs parents aussi.

Elle présente d'abord les notions théoriques permettant de comprendre l'origine du problème de sommeil, elle accompagne les parents dans l'instauration d'une bonne hygiène de sommeil et elle les aide à reconnaître certaines conditions médicales ou particulières entravant le sommeil de l'enfant.

L'auteure, bénéficiant d'une expérience pratique supplémentaire en clinique spécialisée de sommeil des enfants présentant des particularités psychodéveloppementales, nous présente ici une seconde édition mise à jour et améliorée de son livre. On y retrouve les récentes normes en matière de durée de sommeil selon l'âge, les méthodes de dépistage et d'évaluation des troubles du sommeil et l'identification des inconforts physiques fréquents pouvant interférer avec le sommeil. Elle offre en outre des conseils relatifs aux défis qu'entraînent les particularités développementales dans l'amélioration de leur sommeil. Enfin, à l'aide d'exemples cliniques, elle guide les parents dans le choix de la solution appropriée à leur situation.

Ce livre se veut un guide pour que vous, parents, puissiez bénéficier de l'expertise qu'a développée l'auteure en travaillant auprès de parents et d'enfants qui peuvent maintenant dormir jusqu'au matin !

Céline Belhumeur
Pédiatre développementaliste et
spécialiste des troubles du sommeil

TABLE DES MATIÈRES

INTRODUCTION

Il arrive très souvent que les parents dorment mal la nuit. C'est la plainte parentale la plus fréquente lors des consultations chez le pédiatre. En effet, en plus de devoir composer avec les exigences de la vie quotidienne, les parents voient souvent leurs nuits interrompues par les demandes répétées de leurs enfants. Il n'est pas rare que la vie professionnelle, familiale et amoureuse des parents s'en trouve grandement affectée. Il y a donc là matière à intervenir, car au moins un membre de la famille en souffre... et c'est rarement l'enfant.

De plus, un sommeil insuffisant et de mauvaise qualité peut entraîner des problèmes de santé, d'attitude et d'humeur chez le jeune enfant (très souvent, ces répercussions finissent par être aussi ressenties par le reste de la famille). À la longue, cela peut même donner lieu à des problèmes de comportement, à l'école ou ailleurs, et créer des habitudes de mauvais dormeur qui suivront l'enfant toute sa vie.

Le présent ouvrage est le fruit de plus de 15 ans de consultation et d'intervention auprès de milliers de parents. Au fil des ans, nous avons travaillé ensemble pour développer différentes stratégies destinées à améliorer le sommeil de leurs enfants. Nous vous proposons ici quelques approches qui ont fait leurs preuves. Nous nous sommes inspiré des principales techniques de base connues, mais nous les avons adaptées au fur et à mesure que se forgeait notre expérience et selon les particularités de chaque enfant et famille afin d'obtenir les meilleurs résultats possibles.

Vous trouverez, dans les pages qui suivent, une brève présentation des éléments théoriques relatifs au sommeil, des renseignements sur la routine du coucher, ainsi que différentes techniques permettant le sevrage de la présence parentale. Nous présenterons aussi des trucs pour les premiers mois de vie ainsi que des astuces pour améliorer le sommeil des adolescents. Vous trouverez également de nombreux trucs pour vous aider à affronter certaines situations ou difficultés particulières liées ou non à des problèmes de santé. Nous fournirons des exemples concrets tout au long de l'ouvrage pour vous aider à trouver la solution qui convient à votre situation. Enfin, nous avons choisi d'indiquer les sources et les références sous forme d'appels de notes renvoyant à la section *Références bibliographiques*, à la page 169.

Chaque enfant est unique, mais dans la majorité des cas, les interventions proposées s'appliquent à plusieurs types de situations. Les parents sont les mieux placés pour déterminer le moment le plus approprié pour amorcer des démarches menant à de meilleures nuits de sommeil... pour toute la famille.

CHAPITRE 1

Le sommeil

Incidence, état de la situation

Les problèmes de sommeil sont fréquents chez les jeunes enfants, et encore plus chez les bébés. Entre 25 et 30 % des enfants présentent des problèmes de sommeil et ce pourcentage est plus élevé chez les enfants ayant une pathologie associée. Plus particulièrement, on note les faits suivants :

- Les problèmes de sommeil sont particulièrement fréquents chez les enfants de moins de 5 ans ;

- Un bébé de 8 mois qui présente des problèmes de sommeil les aura encore à 3 ans si rien n'est fait ;

- Un enfant de 2 ans qui a des problèmes de sommeil les aura encore à 5 ans si rien n'est fait ;

- De 4 à 6 mois jusqu'à 3 ans, les enfants manifestent beaucoup de problèmes d'association ou ont de mauvaises habitudes (voir la section *Importance des routines, des associations liées à l'endormissement et de l'hygiène de vie*, page 45). Par exemple, le boire au coucher peut entraîner des réveils et des boires nocturnes jusqu'à l'âge de 3 ans si le problème n'est pas résolu ;

▶ Il est plus facile de résoudre les problèmes de sommeil le plus tôt possible dès leur apparition, idéalement avant l'âge de 12 mois;

▶ La période comprise entre 18 mois et 2 ½ ans est la plus difficile pour régler les problèmes, même si ce n'est pas impossible;

▶ Entre 2 ½ et 5 ans, l'enfant comprend beaucoup mieux les règles et le parent peut réussir sans trop de difficultés à améliorer ses habitudes de sommeil;

▶ La résistance au coucher et des réveils nocturnes prolongés sont plus fréquents entre 0 et 2 ans. La peur du noir et les cauchemars apparaissent généralement vers 18-24 mois.

▶ Plus de 50 % des enfants font des cauchemars entre 3 et 6 ans. Les réveils nocturnes sont moins prolongés dans ce groupe d'âge, mais l'enfant a plus souvent tendance à se lever et à venir rejoindre les parents dans leur lit; cet état devrait être passager;

▶ Environ 15 % des enfants ont au moins un épisode de somnambulisme dans leur vie et 6 % seulement en ont plus régulièrement;

▶ Environ 6 % des enfants ont des terreurs nocturnes, et la proportion est plus élevée chez les garçons;

▶ Entre 5 et 20 % des enfants grincent des dents (bruxisme) au cours de la nuit, mais il existe peu de traitements pour corriger ce problème. On peut arriver à le maîtriser avec une bonne hygiène de sommeil et des solutions existent pour éviter d'éventuelles complications dentaires;

▶ Les jeunes enfants qui résistent au coucher ou les enfants plus âgés qui se couchent tard le soir et se lèvent tard le matin subissent un délai de phase qui résulte d'un décalage de l'horloge biologique. Cela est très fréquent chez les adolescents, puisque leur vie sociale et plusieurs facteurs physiologiques et environnementaux interfèrent avec leur hygiène de sommeil.

Figure 1 - Le sommeil moyen selon l'âge

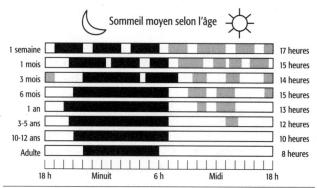

À gauche : âge. À droite : durée moyenne du sommeil à chaque âge (l'écart sur la moyenne est d'environ deux heures). **En blanc** : état de veille. **En noir** : sommeil nocturne. **En gris** : sommeil de jour (siestes). D'après Challamel et Thirion. *Mon enfant dort mal.*

Par ailleurs, certains problèmes peuvent survenir lorsque le parent a des attentes inappropriées par rapport au sommeil de son enfant. Il se peut, par exemple, qu'un enfant ayant fait une sieste de deux heures en après-midi manifeste une certaine résistance au coucher et mette du temps à s'endormir si le parent tente de le coucher trop tôt le soir venu. On peut facilement éviter ce problème en réduisant la durée de la sieste ou en couchant l'enfant un peu plus tard. Il faut aussi être très vigilant par rapport aux besoins de sommeil, car ceux-ci varient selon les âges.

Un peu de théorie

Développement des cycles de sommeil [3,4,7,12,14]

La durée des cycles de sommeil est d'environ 50 minutes chez le nourrisson et le très jeune enfant. Elle passe à 90-120 minutes vers l'âge de 3 ans, ce qui correspond à la durée des phases de sommeil chez l'adulte. Les stades de sommeil commencent déjà à apparaître *in utero*. Le stade REM (*Rapid Eyes Movements*), qui est la phase des rêves, se développe vers le 6ᵉ ou 7ᵉ mois de grossesse et les autres stades se développent vers le 7ᵉ ou 8ᵉ mois, sans toutefois être bien différenciés. Après la naissance, l'organisation du sommeil est en grande partie influencée par la lumière du jour, l'horaire des boires et les activités de la journée. Ces éléments (appelés « donneurs de temps ») sont essentiels pour régulariser les cycles de sommeil; ils doivent donc être réguliers et stables. Les libérations hormonales permettent aussi de régulariser l'horloge biologique. La variation de la température corporelle est également un facteur qui influence les cycles de sommeil.

Lorsqu'on se couche à la même heure chaque soir, la fatigue se manifeste par une sensation de froid et une baisse de l'énergie ou de la vigilance mentale. On favorise l'endormissement si on couche l'enfant dès que ces signes apparaissent. Un enfant trop fatigué peut devenir agité, ce qui compromet son endormissement.Graduellement, la température du corps augmente et vers la fin de la nuit, l'enfant peut se réveiller et être prêt à entreprendre sa journée.

Notre horloge biologique naturelle s'échelonne en moyenne sur 25 heures. En l'absence de stimuli extérieurs, le cycle se fait donc sur 25 heures au lieu de 24. L'horaire de sommeil des nourrissons qui boivent et dorment selon leurs demandes peut donc se décaler d'une heure par jour. Les enfants aveugles ou qui présentent des atteintes neurologiques sont en outre particulièrement susceptibles d'avoir une horloge interne décalée.

Phases de sommeil

Chaque cycle de sommeil comprend quatre phases de sommeil non-REM et une phase REM. Ces phases se suivent, comme les wagons d'un train, et se répètent quatre à dix fois au cours d'une même nuit (voir la figure 3, à la page 28).

Les phases 1 et 2 se caractérisent par un sommeil léger. L'enfant bouge et se réveille s'il est inconfortable. Ces phases sont plus présentes en fin de nuit, ce qui explique les réveils plus fréquents au petit matin.

Les phases 3 et 4 sont des phases de sommeil profond et récupérateur. On remarque une diminution du rythme de la respiration, qui reste cependant régulier. La sécrétion de l'hormone de croissance et la synthèse des protéines cérébrales surviennent pendant cette phase. Cette phase joue aussi un rôle dans le renforcement du système immunitaire (contrôle des infections). La réaction aux stimuli extérieurs est faible ; l'enfant ne se réveille pas facilement et il est très confus lorsque cela se produit. Il reste presque immobile. Même ses yeux ne bougent pas. La respiration et les battements du cœur sont lents et réguliers, mais le tonus du corps est maintenu ; les poings peuvent rester fermés. Ces phases sont plus présentes au début de la nuit, surtout lorsque l'enfant est très fatigué.

La dernière phase est celle du REM ou du sommeil paradoxal. Elle représente 50 à 80 % du sommeil chez le nourrisson et environ 25 % du sommeil des enfants de 3 ans et plus. C'est la phase des rêves et des cauchemars. À l'inverse des phases non-REM, les phases REM surviennent plus souvent en fin de nuit. Les parents pensent souvent que leur nourrisson dort mal, car, pendant ce stade, on remarque les manifestations suivantes :

▶ Mouvements rapides des yeux et mimiques faciales (succion) ;

▶ Absence de mouvements dans le reste du corps (sauf la respiration et le mouvement des yeux) ;

▶ Irrégularité de la respiration et des battements cardiaques ;

▶ Sursauts fréquents (spasmes musculaires). Au cours de cette phase, l'activité cérébrale est très intense. Il y a développement ou consolidation de la mémoire (apprentissage) et maturation du système nerveux. Lorsque l'enfant se réveille pendant ce stade, il est plutôt alerte et a les idées claires, contrairement à ce qui se passe durant les stades de sommeil profond. C'est pourquoi les enfants qui se réveillent tôt le matin ont souvent plus de difficulté à se rendormir, car ils ont eu le sommeil dont ils avaient besoin pour récupérer suffisamment.

Jusqu'à environ 1 mois, les phases de sommeil sont peu différenciées : il y a le sommeil actif (au lieu du REM), le sommeil tranquille (non-REM) et le sommeil indéterminé (qui n'est ni du REM ni du non-REM). Pendant le sommeil actif (environ 50 % du temps), on remarque une grande activité motrice, de nombreuses périodes de mouvements rapides des yeux ainsi qu'une respiration irrégulière avec des périodes d'apnée (pauses respiratoires de quelques secondes). Le nourrisson entame son sommeil pendant cette phase, contrairement aux adultes et aux bébés plus vieux ; ce sommeil est caractérisé par des sourires, des grimacés, des mouvements de succion et des sursauts du corps.

Du début à la fin de la nuit, ces stades alternent et varient en longueur au fur et à mesure que le bébé grandit. Une phase de latence suit les cinq stades du sommeil. Le bébé ou l'enfant peut alors se réveiller ; il se rendort parfois seul, mais il arrive souvent qu'il pleure et appelle ses parents. On comprend pourquoi certains enfants se réveillent souvent. Certains bébés peuvent se réveiller ainsi toutes les heures, dès qu'un cycle est terminé. Et c'est lorsqu'ils ne savent pas se rendormir seuls que les problèmes surviennent.

Déjà, à 1 mois, le bébé a la maturité neurologique nécessaire pour dormir six heures d'affilée ; à 3 mois, il peut dormir jusqu'à neuf heures d'affilée ; et à 6 mois, jusqu'à 12 heures. Le besoin de sieste varie en outre selon les individus et l'âge du bébé. Le nouveau-né a besoin d'environ trois à quatre siestes par jour ; le bébé de 6 mois en a besoin de deux (on élimine habituellement celle de la fin de la journée) ; et l'enfant de 1 à 2 ans ne fait qu'une sieste par jour, le plus souvent en après-midi. Vers 3 à 5 ans, certains enfants ont moins besoin de faire la sieste.

On considère qu'un bébé de 4 à 6 mois reçoit habituellement, de jour, un apport calorique suffisant pour assurer sa croissance et qu'il n'a dès lors plus besoin de boire la nuit. Évidemment, certaines situations de santé empêchant la prise d'un apport calorique suffisant de jour peuvent entraîner un retard dans la régulation de l'horloge biologique. Chez le prématuré qui ne présente pas de problème de prise de poids, les études ont démontré que la régulation des cycles de sommeil se fait dans le mois qui suit le congé de l'hôpital. Le sommeil du prématuré est composé à environ 80 % de REM. La maturation cérébrale naturelle se fait tranquillement et le sommeil se régularise. Comme nous l'avons déjà souligné, les stimuli extérieurs, appelés *donneur de temps* (de l'allemand *Zeitgebers*) contribuent à la consolidation de l'horloge interne. On les identifie comme l'alternance du jour et de la nuit, les horaires réguliers des repas, les heures fixes de coucher et de lever, ainsi que les activités que l'on pratique avec l'enfant.

Figure 2 - Donneurs de temps

Le cycle de sommeil illustré ci-après dure entre 45 et 120 minutes selon l'âge de l'enfant. Les phases se suivent, comme les wagons d'un train, et se répètent 4 à 6 fois (jusqu'à 10 chez le nourrisson) au cours de la nuit. C'est dans la phase de latence que l'enfant peut se réveiller et se rendormir seul. Il reprend alors un autre train (et amorce un autre cycle de sommeil) pour continuer sa nuit. Il arrive aussi qu'il appelle ses parents s'il ne réussit pas à se rendormir seul.

Figure 3 - Le train du sommeil

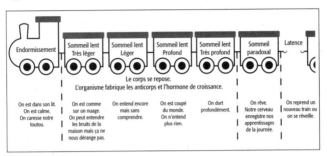

D'après Samara/Sommeil Primutan.

Prévention

Pour favoriser de bonnes habitudes de sommeil, il faut être vigilant dès la naissance.

Il faut d'abord s'assurer que l'environnement est adéquat. La chambre doit être sombre et silencieuse ; il faut parfois mettre une toile opaque aux fenêtres pour que la lumière du jour n'incommode pas l'enfant. On suggère aussi de fermer la porte afin que les bruits environnants ne nuisent pas à son sommeil. La température de la pièce ne doit pas excéder 20 degrés Celsius, car s'il fait chaud, l'air peut devenir trop sec, nuire à la respiration du bébé (nez sec, sécrétions augmentées) et provoquer des réveils durant la nuit. Il est parfois utile d'ajouter un bruit de fond en continu, ou bruit blanc (bruit de pluie ou de vagues, musique douce, ventilateur, etc.), pour éviter que les bruits environnants ne réveillent l'enfant.

On doit habituer le bébé à s'endormir seul. Déjà à partir de 2 mois, la maturation du cerveau permet la consolidation graduelle des patrons de sommeil (cela peut varier selon les enfants). Vous pouvez vous en rendre compte lorsque votre enfant se réveille de moins en moins la nuit pour boire. On peut le déposer éveillé dans son lit dès qu'il est fatigué et s'assurer de ne pas faire coïncider les siestes avec les boires pour éviter l'apparition d'un problème d'association (boire pour s'endormir). Il est normal que le bébé pleure au début; on peut alors rester à ses côtés, lui caresser le dos, lui donner une petite couverture imprégnée de l'odeur de sa mère, lui offrir ses doigts ou une sucette si c'est nécessaire... Celle-ci aussi peut cependant devenir une source de problèmes.

Autant que possible, le bébé devrait s'endormir dans les mêmes conditions chaque fois qu'il se couche et, s'il s'éveille, être capable de se rendormir seul. Il n'est pas anormal qu'un bébé se réveille la nuit, mais la situation peut devenir problématique lorsqu'il demande toujours de l'aide pour se rendormir. Il faut donc limiter les interventions lors des réveils de nuit (éviter le changement de couche, si possible) et veiller à ce qu'elles soient brèves et silencieuses. Évitez de vous précipiter dès que votre bébé se met à pleurer. On ne sait jamais : il est possible qu'il se rendorme seul si vous lui en laissez la chance.

Pour favoriser un bon endormissement, vous devez le plus souvent possible coucher le bébé dans son lit, même pour les siestes. S'il dort avec vous ou dans la poussette ou la balançoire, il est possible qu'il le demande aussi la nuit. L'exception ne devrait pas devenir la règle...

Le parent doit instaurer un horaire stable de coucher, même lorsque le bébé est tout petit ; il doit ainsi tenir compte des signes de fatigue : bâillements, frottements des yeux, pleurs... Il ne faut pas attendre trop long-temps pour coucher le bébé lorsque ces manifestations surviennent, car il peut s'agiter au lieu de s'endormir s'il devient trop fatigué.

Figure 4 - Nombre d'heures de sommeil nécessaires selon l'âge

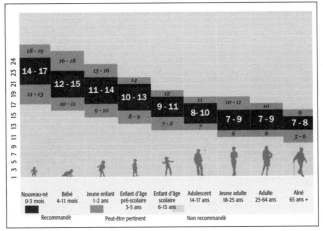

Source : sleepfoundation.org — sleep.org
www.sleephealthjournal.org/article/S2352-7218(15)00015-7/pdf

À tout âge, on suggère d'éviter les stimulants comme les aliments sucrés (du lait au chocolat, par exemple), l'acti-vité intense ou les jeux physiques qui risquent d'agiter le bébé (même les chatouillements…) avant le coucher. Il faut en outre être conscient que les enfants plus vieux qui participent à des activités physiques le soir peuvent avoir de la difficulté à s'endormir.

Entre l'âge de 4 et 6 mois, le bébé devrait déjà avoir un horaire plus régulier. Voici un horaire type : le premier repas vers 7 ou 8 heures le matin, une sieste environ deux heures plus tard, le repas du midi vers 11 h 30 ou midi, une sieste vers 13 h 30 ou 14 heures, le repas du soir vers 16 ou 17 heures et un boire avant le coucher, qui devrait avoir lieu vers 19 ou 20 heures. Jusqu'à 6 mois, les bébés ont souvent besoin d'une sieste vers 17 ou 18 heures. Cela peut évidemment repousser l'heure du coucher. Plus le bébé grandit, plus il reprendra rapidement de l'énergie. Il risque ainsi de ne réussir à s'endormir que tard, vers 22 heures par exemple, même si la sieste ne dure que 15 à 20 minutes. Aussi, en grandissant, certains bébés ont de la difficulté à s'endormir vers 20 heures si la sieste d'après-midi se prolonge après 16 heures. Les siestes trop longues (plus de 3 heures) peuvent aussi nuire à l'endormissement du soir.

Chaque individu a ses propres besoins de sommeil. La figure 4, à la page précédente, montre le nombre d'heures de sommeil adéquat en fonction de l'âge de l'enfant. Cependant, il ne faut pas oublier qu'il y a des variables personnelles aux besoins en sommeil.

Caractéristiques du sommeil selon l'âge et difficultés de sommeil qui en découlent

De 4 à 12 mois

Les enfants de ce groupe d'âge ont besoin d'environ 9 à 12 heures de sommeil par nuit et de 2 à 4 siestes de 2 à 4 heures et demie par jour (pour un total approximatif quotidien de 14 à 17 heures, incluant les siestes).

Les problématiques les plus courantes sont les réveils nocturnes fréquents. Ces derniers sont souvent dus à des problèmes d'association (dans 10 à 30 % des cas), des problèmes d'autorégulation et des interventions parentales trop fréquentes.

De 1 à 3 ans

Les besoins en sommeil diminuent un peu pour atteindre une moyenne de 11 à 14 heures par nuit et une sieste d'une à trois heures selon si l'enfant en fait une ou deux. Il arrive fréquemment que la sieste du matin cesse autour de 15 à 18 mois. Au début, la seule sieste peut se faire très tôt, soit immédiatement après le repas du midi, entre 11 h 30 et midi. Après quelques semaines, elle se stabilise et peut avoir lieu vers 13 heures. La durée varie selon les enfants. Il faut parfois faire attention de ne pas dépasser 15 heures ou 15 h 30 pour que l'endormissement du soir ne devienne pas un problème.

Les problématiques les plus fréquentes sont la résistance au coucher et la persistance des réveils fréquents.

Ces difficultés sont encore dues à des problèmes d'association (10 à 30 % des cas), surtout lorsque la situation
ne s'est pas améliorée avant l'âge de 1 an. Les difficultés
rencontrées par les parents pour établir des limites et
les maintenir viennent aussi interférer avec la situation
de sommeil.

De 3 à 5 ans

Les besoins en sommeil restent à peu près stables et
oscillent entre 10 et 13 heures. La sieste de l'après-midi
peut durer entre 1 et 3 heures et cesse habituellement
vers l'âge de 4 ans. La facilité à s'endormir rapidement
à l'heure de la sieste n'indique pas nécessairement un
réel besoin de sommeil ; il se peut que l'enfant cherche
simplement à récupérer après une mauvaise nuit.

Les problématiques les plus fréquentes sont les difficultés à s'endormir le soir (10 à 30 % des cas), notamment
en raison de trop longues siestes ou de changements
dans les besoins en sommeil (enfant court dormeur ou
couche-tard).

L'apparition de la peur du noir et des cauchemars caractérise également ce groupe d'âge. Ces nouvelles difficultés
sont souvent liées à l'évolution du langage, à l'augmentation de la capacité de l'enfant à raisonner et au développement plus marqué de l'imagination. Ils deviennent
aussi des spécialistes pour tester les limites parentales !

De 6 à 12 ans

Les besoins en sommeil varient entre 9 et 11 heures par nuit. La prévalence des problèmes est de 30 %. Les problématiques spécifiques à ce groupe d'âge sont la résistance au coucher, le délai d'endormissement et l'anxiété au coucher, des problématiques qui entraînent souvent de la fatigue pendant la journée. On remarque aussi une forte proportion de parasomnies (somniloquie). Les problèmes sont favorisés par la diminution de la supervision des parents lors de la routine du coucher et par une tendance individuelle à se coucher tard ou à avoir moins besoin de sommeil que d'autres enfants.

Des changements liés à la puberté et aux modifications de l'horloge biologique peuvent apparaître dès 10 ou 12 ans.

Adolescence

L'arrivée de la puberté entraîne des changements importants, tant sur le plan biologique que psychosocial. Les hormones influencent en effet plusieurs aspects de la vie de l'adolescent.

La sécrétion de la mélatonine, l'hormone du sommeil qui favorise l'endormissement, se trouve naturellement décalée, survenant entre une et deux heures plus tard durant l'adolescence.

Les adolescents seraient en outre moins sensibles à la lumière le matin et plus sensibles le soir, ce qui explique en partie leur difficulté à s'endormir et à maintenir un horaire de sommeil plus approprié. C'est à l'adolescence surtout que la tendance à se coucher tard apparaît.

Ces problèmes sont amplifiés par une certaine autonomie face à l'hygiène de sommeil et l'hygiène de vie en général, et par le développement de la vie sociale. L'adolescent sacrifie en effet des heures de sommeil afin de réussir à tout faire dans une journée.

Les boissons contenant de la caféine (café, thé, boisson énergisante, cola) sont en outre souvent utilisées par les adolescents pour se maintenir éveillés et, par conséquent, influencent leur trop courte nuit de sommeil.

Malheureusement, l'horaire scolaire entre souvent en conflit avec les besoins de sommeil de l'adolescent. L'adolescent moyen a besoin de 9 à 9 ½ heures de sommeil par nuit, mais il ne dort en réalité que 7 à 7 ½ heures. Cette privation de sommeil entraîne une somnolence diurne qui influence le rendement scolaire(taux d'absentéisme élevé le lundi matin), l'humeur et les risques d'accident. On demande à ces jeunes de se surpasser à l'école alors que leur corps est en état de somnolence.

Les adolescents souffrent en outre souvent d'agitations nocturnes (syndrome des jambes sans repos, par exemple), ce qui vient s'ajouter à leur problème de sommeil. La situation empire surtout lorsque le manque de sommeil est comblé par des levers matinaux tardifs la fin de semaine. L'adolescent s'endort alors tard le soir qui suit (voir la discussion sur ce sujet, à la page 128).

Évaluation

Les problèmes de sommeil de l'enfant se répercutent sur l'ensemble de la famille. Consultez un pédiatre ou votre médecin de famille ainsi qu'un professionnel ou une équipe qualifiée pour recevoir l'aide nécessaire. Les différentes évaluations proposées ici ne conviennent pas à toutes les problématiques, mais elles vous donneront un aperçu des possibilités qui s'offrent à vous.

Boîte à outils

Hibou

Cet outil est utilisé pour le dépistage des problématiques de sommeil chez les enfants de 2 à 18 ans. L'échelle des résultats permet aux parents et aux intervenants de reconnaître les symptômes de la problématique (et de consulter ou de référer au besoin) et d'identifier les stratégies appropriées pour la résoudre. Elle permet aussi au professionnel de déterminer s'il est nécessaire d'approfondir l'évaluation de la problématique identifiée.

HIBOU (H : horaire irrégulier, somnolence diurne ; I : insomnie ; B : bouge dans son sommeil ; O : obstruction ; U : ultra-vigilance) est un acrostiche regroupant les principaux critères permettant d'identifier un ou plusieurs problèmes de sommeil : le temps d'endormissement, la durée, la fréquence et la récurrence des réveils nocturnes, mais aussi l'association avec la présence des parents. Il permet aussi de récolter des informations sur la qualité du sommeil (ronflement, agitation, parasomnies) et la somnolence diurne.

Il est suggéré de le remplir seulement lorsque les problèmes persistent depuis trois mois ou plus. HIBOU ne s'applique pas aux tout-petits.

Vous pouvez consulter le questionnaire sur le site Internet de l'Hôpital Rivières-des-Prairies (voir la section *Ressources*, à la page 174).

Agenda du sommeil

Cette grille, fréquemment utilisée dans les cliniques, peut facilement être trouvée sur le web. Elle est simple à remplir et permet d'obtenir plusieurs informations permettant de prendre conscience de l'ampleur et de la nature du problème. Elle exige d'établir l'horaire de sommeil de votre enfant pendant 15 jours, incluant 2 fins de semaine.

On y indique l'heure du coucher et du lever, le temps d'endormissement, les réveils nocturnes (heure et durée), le moment des siestes et la récurrence des problèmes. L'agenda du sommeil permet aussi de suivre l'évolution du problème durant l'intervention.

Selon les spécialistes, 30 % des problèmes de sommeil survenant chez des enfants dits « normaux » se règlent simplement en remplissant l'agenda du sommeil. Il permet en effet aux parents de prendre conscience de la nature du problème et d'y remédier (voir la section *Ressources*, à la page 174).

Questionnaire

Plusieurs questionnaires existent pour aider les intervenants à recueillir les impressions des parents ou du patient lui-même. Ils permettent de récolter des informations sur les caractéristiques du problème, la prise de médicaments, la routine et les habitudes de sommeil. Ils deviennent ainsi complémentaires à l'agenda du sommeil. Les intervenants peuvent ainsi s'appuyer sur des données plus spécifiques pour donner des conseils aux parents.

Polysomnographie et vidéographie

La **polysomnographie** est une évaluation objective du sommeil spontané. Des capteurs installés sur la tête et sur le corps du patient permettent d'enregistrer différents paramètres physiologiques durant le sommeil, notamment l'architecture du sommeil, la respiration, les mouvements du corps et les réveils. Cet examen se déroule en laboratoire dans un hôpital ou une clinique privée pendant une à deux nuits.

La polysomnographie est essentielle pour détecter et diagnostiquer différents troubles du sommeil, notamment les parasomnies, l'apnée du sommeil, le syndrome des jambes sans repos et l'épilepsie nocturne (ces situations particulières sont abordées au chapitre 4). Elle permet aussi de valider l'efficacité d'un traitement. Cette procédure ne convient cependant pas à tous les enfants.

Elle peut être particulièrement longue et lourde pour les jeunes enfants. On peut, dans certains cas, réaliser une **vidéographie** à domicile en installant une caméra vidéo dans la chambre pour recueillir des informations objectives sur les comportements de l'enfant durant les réveils nocturnes ainsi que sur l'intervention des parents, l'agitation nocturne, le ronflement et certaines variables de l'environnement.

Oxymétrie ambulatoire et actigraphie

L'**oxymétrie ambulatoire** consiste à enregistrer les paramètres cardiorespiratoires à domicile. L'enfant doit porter un petit appareil fixé avec une ceinture sur le thorax, une canule nasale et une pince sur un doigt. L'oxymétrie peut être combinée à la vidéographie en fonction des problèmes à valider. Ces examens sont utiles pour diagnostiquer l'apnée du sommeil chez les enfants moins collaborants.

L'**actigraphie** est un autre outil d'évaluation des problèmes de sommeil. Elle permet de récolter des informations au sujet des rythmes veille-sommeil. Il s'agit d'une technique non invasive qui exige le port continuel d'une montre au poignet ou à la cheville pendant une période de deux semaines. Elle est utilisée pour valider les anormalités d'horaire ou la récurrence des réveils nocturnes chez les enfants atteints de troubles des rythmes circadiens. Elle est souvent complémentaire à d'autres examens et est utile pour les jeunes patients ou les patients peu collaborants.

Facteurs biopsychosociaux affectant le sommeil

Facteurs psychologiques

On peut s'attendre à voir apparaître des problèmes de sommeil à certains stades de développement.

L'anxiété de séparation est une réaction normale qui apparaît vers l'âge de 9 ou 10 mois. Le bébé anxieux ne veut pas que sa mère le quitte au moment du coucher. Il est important de rassurer l'enfant lors du rituel de coucher pour lui permettre de surmonter cette inquiétude. Le parent doit cependant éviter de plaindre son enfant afin de ne pas accroître sa dépendance et entraîner du même coup l'apparition d'un véritable problème.

Une phase d'opposition se manifeste fréquemment autour de 18 ou 24 mois. Or, c'est souvent à cet âge que se fait la transition vers le grand lit. Il arrive souvent que l'enfant commence à se lever pendant la nuit ou qu'il refuse d'aller se coucher le soir ou au moment de la sieste. Encore une fois, le parent doit se montrer ferme et constant.

C'est surtout entre 3 et 5 ans que les craintes et les peurs se manifestent, même si elles peuvent apparaître plus jeunes chez certains enfants. Les enfants de cet âge ont parfois de la difficulté à faire la différence entre le réel et l'imaginaire. Les cauchemars sont plus fréquents. Les réactions des parents face au problème sont encore une fois déterminantes (voir la section *Cauchemars*, à la page 116.).

Facteurs aggravants et facteurs précipitants

Certaines situations de vie peuvent également aggraver les problèmes de sommeil ou précipiter leur apparition.

Problèmes de santé

Il n'est pas rare que les réveils nocturnes apparaissent ou soient plus fréquents chez les enfants malades (rhumes, otites) ou souffrant de poussées dentaires.

On peut également s'attendre à des difficultés de sommeil (résistance au coucher, réveils nocturnes ou cauchemars) après une hospitalisation.

Les bébés qui souffrent de reflux gastro-œsophagien sont plus susceptibles d'avoir des problèmes de sommeil, puisque, vu leur inconfort, ce sont des bébés qu'on a beaucoup aidés à s'endormir (en marchant, en berçant l'enfant, en le promenant en voiture).

Les problèmes intestinaux sont aussi des facteurs qui viennent aggraver les problèmes de sommeil. Il faut s'assurer que l'enfant ne souffre pas de ballonnements, de crampes ou de gaz pouvant le réveiller la nuit.

Certains enfants ont en outre un sommeil très agité. Cette agitation, souvent associée à un déficit en ferritine (stockage du fer), affecte la qualité du sommeil en favorisant des réveils nocturnes fréquents. Il existe aussi une tendance familiale à l'agitation nocturne.

Il est important d'aborder ces problèmes de santé avec votre médecin, car de simples traitements peuvent permettre de réduire les problèmes de sommeil de l'enfant.

Les allergies sont aussi de grandes ennemies du sommeil. Elles sont souvent associées à des problèmes digestifs, respiratoires ou cutanés entraînant des inconforts qui peuvent à leur tour provoquer des réveils nocturnes. Un traitement approprié s'impose.

Certains médicaments peuvent exciter l'enfant s'ils sont donnés juste avant l'heure du coucher (le *Ventolin*®, par exemple, un médicament contre l'asthme). Les effets secondaires de certains médicaments peuvent en outre nuire à l'endormissement (le *Ritalin*® ou la cortisone, par exemple). Dans ce cas, il est toujours possible de changer la dose ou les heures de prise pour diminuer les effets des médicaments qui nuisent à un bon sommeil (surtout lorsqu'ils sont pris sur une longue période).

Problèmes affectifs et problèmes de comportement

Certaines situations de vie peuvent affecter l'enfant et créer des difficultés de sommeil parfois temporaires, mais réelles. L'enfant peut, par exemple, être perturbé par la naissance d'un nouveau bébé, le retour au travail des parents (plus souvent la maman, après un congé de maternité), l'entrée à la garderie ou à l'école, etc. Un bon rituel lors du coucher et une attitude rassurante de la part des parents entraînent généralement un retour à la normale après deux ou trois semaines.

Problèmes de développement

Lorsque l'enfant grandit, on peut s'attendre à toutes sortes de transformations. On peut voir apparaître des difficultés de sommeil lorsque des changements importants surviennent sur le plan du développement moteur. Un nourrisson qui apprend à se tourner du dos au ventre et ne réussit pas à faire le mouvement inverse peut, par exemple, recommencer à se réveiller la nuit parce qu'il n'arrive pas à reprendre la position dans laquelle il s'est endormi le soir. Il est recommandé de pratiquer ce mouvement à chaque changement de couche et à plusieurs reprises pendant la journée pour enfin régler le problème. On peut aussi imaginer un tout-petit de 10 mois qui se lève dans son lit et ne parvient plus à se recoucher par lui-même. Il peut même lui arriver de tomber et de se cogner contre les barreaux du lit.

S'il est debout dans le lit, il faut l'aider à placer un premier genou sur le matelas en lui faisant faire une génuflexion, puis le deuxième genou, et l'aider ensuite à s'étendre pour qu'il se rendorme aisément.

Il faut alors s'attendre à quelques nuits difficiles. La réaction du parent est importante, car elle peut entraîner la réapparition du problème de dépendance à sa présence pendant la nuit. Il est important de pratiquer les mouvements non acquis dans la journée pour que l'enfant puisse rapidement les faire par lui-même la nuit.

Malheureusement, il est possible qu'il ait besoin d'aide la nuit pendant quelque temps... Il faut parfois attendre jusqu'à deux semaines avant qu'un nouveau comportement soit maîtrisé.

Certains problèmes de sommeil sont cependant liés à des conditions développementales. On sait par exemple qu'environ 80 % des enfants atteints d'autisme ont des problèmes de sommeil (voir la section *Atteintes neurologiques*, à la page 151). Les enfants souffrant de désordres neurologiques comme l'épilepsie sont eux aussi souvent aux prises avec des troubles du sommeil, tout comme les enfants atteints de déficience intellectuelle ou souffrant d'un retard de développement. Le manque de maturité cérébrale serait en partie responsable des irrégularités dans les cycles de sommeil et d'éveil.

Enfin, entrent aussi dans cette catégorie les enfants ayant des tempéraments difficiles (qui s'opposent à toute forme d'autorité) et les enfants anxieux et sensibles aux moindres changements dans leur quotidien (voir la section *Le sommeil et les bébés prématurés ou ayant un tempérament difficile*, à la page 161).

CHAPITRE 2

Le coucher

Importance des routines, des associations liées à l'endormissement et de l'hygiène de vie

De nombreux parents ne sont pas conscients que la routine du coucher peut contribuer aux réveils nocturnes. Pour réussir à se rendormir facilement la nuit, l'enfant a besoin de voir le même environnement, de sentir les mêmes gestes et d'adopter les mêmes comportements et habitudes que lorsqu'il se couche le soir. Ainsi, les parents qui souhaitent que leur enfant se rendorme seul lorsqu'il se réveille pendant la nuit doivent absolument comprendre qu'il doit d'abord réussir à s'endormir seul le soir. Tous les enfants se réveillent la nuit et plusieurs sont capables de se rendormir rapidement.

Routine du coucher

Pour favoriser le meilleur endormissement possible, la routine du soir devrait être *stable, prévisible* et *répétitive*. Elle deviendra ainsi rassurante pour l'enfant en lui indiquant que l'heure du coucher approche. Les trois ou quatre activités de la soirée devraient être calmes et se répéter d'un soir à l'autre. Le bain devant faire partie intégrante de cette routine permet de réduire la température corporelle et la tension artérielle et d'ainsi favoriser le sommeil. Il devrait précéder le coucher, car il permet un état de détente favorisant un meilleur endormissement et, par le fait même, une meilleure qualité de sommeil. De plus, il constitue une bonne transition entre l'activité du jour et le repos de la nuit. À la sortie du bain, certains enfants ont un petit regain d'énergie et courent partout dans la maison. Cet état est temporaire dans la mesure où le parent accompagne rapidement l'enfant dans le rituel du coucher.

Pour rendre agréable la routine du coucher, le parent peut raconter une histoire à l'enfant ou regarder avec lui les images d'un livre ; ce moment d'intimité qui précède la séparation pour la nuit est important, aussi bien pour l'enfant que pour le parent. Le rituel devrait avoir lieu dans la chambre de l'enfant. Ainsi, ce dernier peut apprivoiser ce lieu qu'il a parfois en horreur (parce qu'il doit se séparer de ses parents, parce qu'il doit arrêter de jouer pour aller dormir, etc.). L'attention de l'enfant est moins dispersée et il accepte généralement plus facilement de se coucher. Le parent doit établir clairement la durée de ce rituel dès que l'enfant est en mesure de comprendre les consignes ; en général, une période de 15 à 30 minutes convient. Ensuite, après quelques câlins et bisous, le parent doit quitter la pièce et laisser l'enfant s'endormir par lui-même.

Environnement

La pièce où dort l'enfant doit être calme et sombre. Il est recommandé de maintenir la température autour de 20 degrés Celsius et l'humidité, autour de 30 ou 40 % pour faciliter une meilleure respiration de l'enfant. On peut couvrir l'enfant avec une couverture chaude ou lui faire revêtir un bon pyjama (surtout s'il ne reste pas couvert toute la nuit). La dormeuse (ou gigoteuse) permet au nourrisson de se sentir en sécurité et de rester bien couvert toute la nuit tout en étant libre de ses mouvements. Une couverture plus lourde comme une catalogne (voir la section *Ressources*, à la page 175) peut aussi favoriser un meilleur sommeil ; elle offre une sensation enveloppante qui calme souvent l'agitation la nuit.

Il est en outre préférable que l'enfant dorme dans sa propre chambre sans la présence de ses parents. Il sera ainsi moins porté à les réclamer pendant la nuit. Lorsque cela est impossible, on peut créer une séparation avec des meubles, un paravent ou d'autres accessoires afin que l'enfant ne voie pas ses parents. Cela s'applique aussi lorsqu'on est en voyage ou au chalet et que l'on doit dormir dans la même chambre.

Cododo

Plusieurs cultures pratiquent le cododo. Il est en outre utilisé par plusieurs parents québécois. Il facilite la manipulation du nourrisson lors de l'allaitement et permet d'assurer, tel que conseillé, une surveillance directe de l'enfant pendant les premiers mois de vie.

Cette pratique va cependant à l'encontre des principes de prévention de la mort inattendue du nourrisson (MIN), qui touche surtout les bébés de 0 à 1 an.

Selon les normes établies par la Société canadienne de pédiatrie[4], le bébé devrait dormir exclusivement sur le dos sur un matelas ferme et les grosses couvertures pouvant causer l'étouffement devraient être évitées. Les parents qui dorment avec leur bébé pourraient l'écraser pendant leur sommeil, surtout s'ils fument, boivent de l'alcool ou prennent des médicaments. Les nourrissons supportent aussi très mal l'excès de chaleur que peut entraîner la présence de plusieurs corps dans un même lit.

On conseille plutôt d'installer un lit d'appoint au même niveau que le matelas du lit parental ou de mettre le bébé dans un moïse ou un parc pendant la période d'allaitement nocturne.

Il est en outre démontré que l'adhésion tardive au cododo peut parfois entraîner des problèmes de sommeil jusqu'à l'âge préscolaire.

Rythme biologique

Certains signes extérieurs peuvent aider le parent à déterminer le moment propice pour coucher l'enfant (il se frotte les yeux, il bâille, il est maussade). Certains parents attendent que leur enfant soit très fatigué pour le coucher, même s'il démontre des signes de fatigue depuis un certain temps. Ils croient que leur enfant s'endormira mieux et plus vite. Or, il arrive souvent que l'enfant trop fatigué devienne agité et qu'il ait plus de difficulté à s'endormir. Il vaut mieux déterminer une heure de coucher qui s'appuie sur les signes de fatigue visibles de l'enfant et s'y tenir. Des heures de sieste fixes permettent aussi de consolider l'horloge interne de l'enfant et facilitent l'endormissement.

Il est important de respecter les besoins de sommeil de l'enfant. Un enfant plus vieux a besoin de moins de sommeil qu'un bébé. Il faut aussi tenir compte des facteurs individuels : certains enfants dorment beaucoup, d'autres moins ; certains sont couche-tôt et d'autres, couche-tard. Il faut également être attentif aux signes de fatigue, surtout si on apporte des changements dans la routine de la journée. Par exemple, si la sieste de l'après-midi a été plus longue qu'à l'habitude (ou si elle a été retardée), il se peut que l'enfant ne soit pas aussi fatigué à l'heure habituelle du coucher. Il est alors préférable de retarder un peu le coucher. Cela peut éviter bien des pleurs.

Siestes

Il est souhaitable de préparer un horaire qui favorise un bon sommeil et respecte l'horloge biologique de l'enfant. En effet, il est important de bien planifier les heures de repas et les heures de sieste. Plusieurs éléments entrent en ligne de compte.

▶ La sieste devrait être faite dans le lit avec la toile baissée ou les rideaux tirés, surtout après l'âge de 2 mois, puisqu'il ne devrait plus confondre le jour et la nuit,

▪ Un bruit de fond (un ventilateur, par exemple) ou une musique douce peut contribuer à prolonger les siestes en réduisant les bruits extérieurs.

▪ L'utilisation d'une dormeuse peut aussi permettre de prolonger les siestes et d'éviter que bébé se coince les jambes dans les barreaux (une des grandes inquiétudes des parents!).

▪ L'enfant devrait faire deux à trois siestes par jour selon son âge (voir la section *Un peu de théorie*, à la page 22).

▪ Après environ 6 mois, lorsque l'enfant ne fait plus que deux siestes, il est recommandé de laisser un intervalle d'environ quatre heures entre le début de la sieste du matin et celle de l'après-midi.

▪ Il devrait y avoir un intervalle d'au moins quatre heures entre la fin de la dernière sieste et le coucher du soir.

▪ La dernière sieste devrait se terminer vers 15 heures (lorsque l'enfant ne fait plus trois siestes par jour).

▪ La durée maximale de la sieste devrait être d'environ trois heures.

▪ Après 1 an, certains enfants n'ont plus vraiment besoin de faire deux siestes par jour. On peut parfois aussi réduire le temps de sieste de l'après-midi quand l'enfant atteint 2 ou 3 ans, surtout si le coucher devient problématique. Malheureusement, ce dernier conseil n'est pas toujours facilement applicable pour les enfants qui fréquentent la garderie.

▶ L'enfant fait parfois de longues siestes au détriment de son sommeil nocturne. Il peut alors être indiqué de restreindre le temps de sieste, surtout si les nuits sont courtes. Dites-vous que votre enfant aura tendance à récupérer les heures de sommeil perdues lors de la sieste.

▶ Vers 4 ou 5 ans, plusieurs enfants ne ressentent plus le besoin de dormir pendant la journée, même si tous leurs amis de la garderie font la sieste. Une période en retrait dans sa chambre ou dans un coin à l'écart (avec un livre, par exemple) peut tout de même permettre à l'enfant de se reposer.

Conseils pratiques à propos des associations liées à l'endormissement

Il est normal qu'un enfant se réveille la nuit lorsqu'il termine un cycle et entame une phase de latence (voir la section *Phases de sommeil*, à la page 23). La situation devient problématique lorsqu'il réclame la présence d'un parent pour se rendormir. Pour que l'enfant puisse dormir toute la nuit sans faire appel à ses parents, il doit apprendre à faire des associations d'endormissement. Les associations d'endormissement sont les conditions dans lesquelles l'enfant passe de l'état d'éveil à l'état de sommeil. Ces conditions doivent être facilement reproductibles lors des réveils nocturnes; elles doivent évidemment être indépendantes de la présence du parent. Il est ainsi conseillé de déposer l'enfant dans son lit pendant qu'il est encore éveillé et de quitter sa chambre avant qu'il s'endorme.

On peut aussi lui offrir un ou plusieurs petits objets de réconfort qui pourront rester dans son lit toute la nuit. Le parent doit en outre faire de la chambre de l'enfant un environnement sécurisant et stable.

On peut offrir à l'enfant :

» Une petite couverture, un ourson (environ de la taille de la main) ou tout autre objet sécurisant lui permettant de rester au lit et de bien dormir. Il existe sur le marché des petites couvertures avec des peluches intégrées qui sont légères et faciles à manipuler. Certaines sont même munies d'anneaux de dentition. Un bout de nez ou des petites oreilles faciles à téter seront bien appréciés ! Une couverture ou un chandail avec l'odeur de la maman qui allaite aide parfois le nourrisson à s'adapter à la séparation. Faites un nœud dans la pièce de tissu pour éviter les risques d'étouffement ;

» D'allumer une petite lumière tamisée indirecte (derrière une commode, par exemple). Il vaut mieux éviter les lumières tamisées provenant d'un plafonnier, qui risquent de trop éclairer la chambre, et les lumières bleues, qui réduisent la sécrétion de l'hormone du sommeil ;

» De fermer la porte ou de la laisser entrouverte et de la maintenir ainsi toute la nuit ;

» D'avoir un verre d'eau à proximité s'il est capable de le prendre seul.

Il est déconseillé de lui offrir :

▶ Une sucette, surtout si l'enfant ne peut la remettre lui-même dans sa bouche pendant la nuit. On ne peut pas s'attendre à ce qu'un enfant de moins de 1 an soit capable de le faire facilement. S'il en est capable et déjà dépendant, le parent peut laisser plusieurs sucettes à sa disposition dans son lit ou en attacher une à son pyjama avec une pince plate pour qu'il ne se blesse pas. Il en trouvera une pour se rendormir seul la nuit s'il en a besoin. Il faut tout de même penser à retirer la sucette au coucher vers l'âge de 2 ans pour prévenir les problèmes de dentition, de développement (langage) et d'autonomie ;

▶ Un biberon, car l'enfant, même s'il le prend seul dans son lit, peut faire une association qui le poussera à en réclamer un pour être capable de se rendormir la nuit ;

▶ De la musique jusqu'à ce qu'il s'endorme. Il pourrait en effet en avoir besoin pour se rendormir s'il se réveille au cours de la nuit. On peut cependant utiliser une musique douce ou un bruit blanc pour l'apprentissage de l'endormissement ou pour favoriser ou prolonger les siestes. On pourra ensuite réduire progressivement leur utilisation lorsque le problème sera réglé ;

▶ De regarder la télévision pour s'endormir. Plusieurs études ont établi un lien entre la télévision et la réduction du temps de sommeil. La lumière bleue générée par les écrans produit en effet davantage de réveils, altère la qualité du sommeil et excite le cerveau.

Comment favoriser un bon rituel d'endormissement

Pour que l'enfant s'endorme bien, il est essentiel d'établir un bon rituel avec lui. Une routine calme pendant la soirée aide à préparer une bonne nuit. On recommande d'éviter :

- Les activités physiques intenses au moins une heure avant le coucher. Parfois, avec certains enfants qui ont de la difficulté à s'arrêter, il vaut mieux éviter les stimulations physiques intenses pendant toute la soirée. Les chatouillements avant le coucher peuvent aussi nuire grandement à l'endormissement ;

- La télévision, l'ordinateur ou les jeux vidéo au moins une heure avant le coucher. Avec certains enfants, il vaut mieux les éviter toute la soirée ;

- Les associations d'endormissement qui nécessitent une intervention parentale pour être reproduites la nuit. Il faut par exemple éviter que l'enfant s'endorme avec un biberon ou pendant un boire, bercé par l'un de ses parents.

Il est plutôt recommandé de faire des activités calmes (dessin, lecture) et d'ainsi partager de bons moments avec l'enfant avant de se séparer pour la nuit.

Certains parents veulent donner une collation à leur enfant avant le coucher afin de s'assurer qu'il n'aura pas faim pendant la nuit. Cette habitude n'est pas déconseillée, mais elle n'est pas essentielle non plus. Il faut cependant être prudent dans le choix des aliments offerts. Les aliments contenant des hydrates de carbone comme l'avoine, le lait chaud ou le beurre d'arachide (attention aux allergies) sont plus favorables au sommeil. Les produits laitiers contiennent du tryptophane, un acide aminé qui contribue à la production des neurotransmetteurs impliqués dans le sommeil. Les jus sucrés ou le lait au chocolat ne sont pas de bons choix, car ils peuvent avoir un effet stimulant. Il n'est pas contre-indiqué de donner un boire au bébé le soir, mais il faut faire en sorte qu'il ne s'endorme pas en buvant. Il est donc préférable de lui donner à boire bien avant son heure de coucher.

La routine boire-bain-dodo est à privilégier. Elle permet de déposer l'enfant dans son lit alors qu'il est bien éveillé sans qu'il fasse de mauvaises associations. On peut proposer un gobelet ou un verre avec une paille intégrée à l'enfant plus vieux (à partir de 18 mois environ) qui veut boire du lait — parce qu'il en a habitude ou parce qu'il a besoin de réconfort — pendant qu'il regarde un livre avec ses parents, par exemple. L'enfant n'aura pas tendance à s'endormir s'il est en position assise. On peut donner à l'enfant plus vieux qui mange peu le jour des aliments contenant des hydrates de carbone (une rôtie au beurre d'arachide ou un gruau au lait chaud, par exemple).

L'importance du bain dans la routine du coucher

Il est très profitable d'intégrer le bain au rituel du coucher. La détente que procure l'eau aide le tout-petit à mieux s'endormir. La température corporelle et la tension artérielle sont à leur plus bas, ce qui favorise un bon sommeil. Le bain constitue en outre une transition entre les différentes activités de la soirée et prédispose l'enfant au coucher. On peut présenter le bain comme une activité agréable à l'enfant très actif, même s'il a un but thérapeutique.

On suggère donc de faire des activités calmes avant le bain (collation, devoirs, bricolage, etc.) pour faciliter le coucher du soir. Après le bain et les soins d'hygiène, l'enfant devrait tout de suite aller dans sa chambre pour la période de lecture. Cela évite à l'enfant de trop s'agiter en commençant de nouvelles activités (même le fait de changer de pièce peut lui donner un regain d'énergie ou l'espoir de retarder son coucher).

Bien dormir dès la naissance

Comme nous l'avons déjà mentionné au chapitre 1, le nourrisson a, dans ses premiers mois de vie, un sommeil non différencié qui peut rendre difficile l'établissement d'habitudes de sommeil. Un horaire plus stable peut cependant être établi dès le deuxième mois de vie. Il est suggéré d'instaurer rapidement une routine de coucher.

Le bain peut être donné avant le coucher assez tôt dans la vie. Vous remarquerez souvent que c'est après le bain que votre bébé dort le mieux. Il est cependant vrai que le bain semble parfois exciter certains bébés. Vous pourrez généralement le calmer en lui chantant une berceuse ou en regardant avec lui un petit livre. Un massage pourrait aussi faire l'affaire ! S'il est difficile pour vous de donner le bain chaque soir, une toilette rapide dans le calme peut être tout aussi efficace.

Il est conseillé de prendre l'habitude de déposer le bébé éveillé dans son lit. On peut, si on le souhaite, rester à côté de lui, le bercer dans son lit, chantonner, etc. jusqu'à ce qu'il soit plus calme et qu'il s'endorme. On peut aussi lui offrir une couverture avec l'odeur de maman qui le rassurera, un petit toutou tout doux qu'il pourra caresser à sa guise ou dont il pourra téter le bout du nez s'il en ressent le besoin.

Il est préférable d'éviter de faire coïncider le dodo avec un boire, autant pour les siestes de jour que pour le coucher du soir. Cette habitude peut en effet créer une dépendance et entraîner des problèmes de sommeil à plus long terme. Il est important aussi de bien planifier l'horaire de la journée pour favoriser la consolidation de l'horloge biologique. Il faut en effet stabiliser l'horaire des siestes en alternance avec les boires et les activités de la journée.

Plus le bébé s'endormira seul dans les mêmes conditions, plus il développera de bonnes habitudes de sommeil qui l'amèneront plus rapidement à dormir toute la nuit, surtout si ces conditions ne dépendent pas d'un geste du parent. Il n'est pas anormal pour un bébé de se réveiller la nuit, mais il faut éviter qu'il n'ait besoin de l'intervention d'un parent pour se rendormir ; il sera plus facilement en mesure de reprendre son objet de réconfort lors de ces réveils de nuit et d'ainsi bien se rendormir. Il est important que les interventions des parents soient brèves et silencieuses. Évitez de vous précipiter dans la chambre au moindre pleur.

Évidemment, ce ne sont pas tous les bébés qui développent des problèmes d'association, mais vous éviterez les difficultés en agissant tôt pour l'aider à développer de bonnes habitudes.

Nous aborderons dans les pages à venir diverses méthodes pour aider l'enfant à s'endormir seul.

La résistance au coucher

Les enfants qui ne dorment plus dans un berceau ou dans un lit à barreaux sont souvent tentés de se relever, surtout s'ils doivent apprendre à s'endormir sans la présence des parents. Le parent doit trouver des moyens pour encourager l'enfant à rester dans son lit.

- Il peut lui proposer de dormir avec un objet transitionnel (l'oreiller ou le pyjama d'un des parents, par exemple).

- Il peut lui donner une photo des parents qu'il mettra sous son oreiller pour dormir !

- Il peut entrer dans son jeu imaginaire pour le convaincre qu'il doit rester avec son ourson tout au long de la nuit, sans quoi celui-ci risque de se sentir seul et d'être triste.

- Il peut utiliser de la poudre enchantée, une baguette ou une formule magique pour protéger sa chambre des intrus s'il dit qu'il a peur.

Le parent doit parfois utiliser des méthodes plus directes. Certains enfants n'acceptent pas qu'il quitte leur chambre sans le rappeler ou se lever. Le parent peut alors avertir l'enfant : « Si tu te lèves, je ferme la porte de ta chambre. » Souvent, cela suffit pour convaincre l'enfant de rester dans son lit. S'il se relève malgré tout, le parent doit fermer la porte pendant quelques secondes ou quelques minutes. Il peut ensuite la rouvrir en disant fermement à l'enfant de rester dans son lit et en lui précisant que la porte restera ouverte s'il y reste. L'enfant comprendra rapidement que la porte ouverte est une récompense à ses efforts. Si le parent prête son oreiller, par exemple, il doit expliquer clairement qu'il le reprendra si l'enfant se relève. Si l'enfant continue de se lever après un avertissement, il faut le lui confisquer. S'il y tient, il restera probablement dans son lit. Après quelques échanges de ce genre, l'enfant restera dans son lit et cessera de se lever. Évidemment, la tension ressentie avant le coucher peut nuire à l'endormissement, mais cette situation est transitoire.

Il est cependant déconseillé d'entreprendre l'application de ces moyens durant les réveils de nuit, car elle risque de provoquer des crises interminables. Il est par ailleurs recommandé d'utiliser cette technique en combinaison avec d'autres méthodes pour encourager l'enfant dans ses efforts, celle du calendrier par exemple (voir page 93). Évidemment, tout dépend de l'âge et du niveau de compréhension de l'enfant.

Autour de 24 mois, on peut généralement expliquer à l'enfant ce qu'on attend de lui et préciser ensuite quelles sont les conséquences d'un comportement indésirable.

Lorsqu'on lui rappelle l'entente, l'enfant fait généralement l'effort de s'y conformer. Le renforcement positif est
également efficace (avec des autocollants, par exemple)
pour améliorer progressivement la situation (voir la section *Techniques de renforcement*, à la page 93).

La transition dans un grand lit

La transition dans le grand lit (parce que l'enfant est
trop grand, parce qu'il sort lui-même du lit à barreaux,
ce qui constitue un danger, ou parce qu'un autre bébé
doit occuper le berceau) est parfois difficile. Cette étape
survient habituellement entre 2 et 3 ans. Voici quelques
conseils pratiques:

▶ Installez le nouveau lit dans la chambre, sans enlever
le berceau, et demandez-lui où il veut dormir;

▶ S'il préfère le berceau, faites le rituel du coucher dans
le grand lit pendant quelques jours et laissez-le dormir
dans le berceau;

▶ Offrez-lui de faire la sieste dans le grand lit. Étendez-
vous avec lui quelques minutes pour lui parler et lui
faire des câlins avant qu'il s'endorme;

▶ Offrez-lui un nouvel objet associé au grand lit, un
objet qu'il pourra garder avec lui toute la nuit (un
oreiller spécial, une peluche, etc.);

▶ Respectez le rythme de l'enfant sans trop allonger le
processus (pas plus de deux ou trois semaines);

▶ Dès qu'il a dormi une ou deux nuits dans le nouveau
lit, retirez le berceau de la chambre et rangez-le;

▶ Assurez-vous qu'il ne croit pas qu'il perd son berceau à cause de l'arrivée du nouveau bébé. Prenez-vous-y au moins un mois à l'avance pour le préparer à sa venue ; ainsi, il aura le temps de s'habituer à dormir dans son grand lit avant de voir son berceau occupé par le nouvel arrivant ;

▶ Respectez en tout temps les normes de sécurité (l'installation d'une barrière de sécurité, par exemple).

Les changements d'heure

Il y a deux changements d'heure dans une année. L'avancée de l'heure, au mois de mars, provoque bien des perturbations dans les habitudes de sommeil des enfants. Les bébés sont souvent plus avantagés par ce changement ; ils se coucheront plus tard, mais ils auront aussi tendance à se lever plus tard, ce qui réjouira plusieurs parents. En revanche, les enfants d'âge scolaire (surtout les adolescents) qui ont un horaire moins flexible se réveilleront moins facilement le matin pour aller à l'école. Heureusement, tout reviendra comme avant cinq à sept jours après le changement d'heure. Certains enfants n'ont d'ailleurs aucune difficulté à s'adapter !

Pour préparer l'enfant à ce changement, il est possible de le coucher cinq minutes plus tôt chaque soir pendant la semaine précédant le changement d'heure. Après une semaine, au moment du changement, il s'adaptera beaucoup mieux.

Pour le bébé qui n'est pas obligé de se lever tôt, nous recommandons de ne pas agir.

Puisque l'horloge biologique des bébés et des jeunes enfants est déjà perturbée par l'heure avancée, on peut profiter de l'occasion pour changer les heures de sieste. Il faudrait réduire la durée de la sieste de fin d'après-midi pour pouvoir le coucher à son heure habituelle. Il en va de même pour le soir : même en devançant l'heure du coucher de cinq minutes chaque soir, l'enfant se lèvera probablement à la même heure qu'auparavant.

On assiste à la situation inverse au moment du changement d'heure d'octobre. Les tout-petits sont plus faciles à coucher le soir, mais ils se lèvent plus tôt le matin, au grand désespoir des parents. Pour permettre à l'enfant de rallonger son sommeil du matin pendant toute la semaine qui suit, il faut éviter les interventions stimulantes lors des réveils matinaux précoces. Les enfants d'âge scolaire, les enfants qui ont de la difficulté à se coucher et les adolescents seront alors avantagés ; ils auront moins de difficulté à se coucher (car l'horaire est plus compatible avec leur horloge biologique) et plus de facilité à se lever... ce qu'ils feront en réalité une heure plus tôt !

L'utilisation d'une horloge adaptée (Gro-Clock® ou Sleep Kid®, par exemple) indiquant à l'enfant s'il est temps ou non de se lever peut faciliter le processus.

Pour reprendre plus rapidement l'horaire habituel

Ne laissez pas l'enfant plus vieux dormir trop longtemps le matin : il faut qu'il puisse s'endormir plus tôt le soir suivant. L'adolescent devrait en effet se lever une heure plus tôt le dimanche matin, car il aura, sinon, tendance à se coucher trop tard le soir et peinera à se lever pour aller à l'école le lundi matin.

Pour les tout-petits qui font encore la sieste, retardez un peu les siestes au début de la semaine et reprenez le même horaire vers le milieu de la semaine précédant le changement.

CHAPITRE 3

Solutions proposées

Dans ce chapitre, nous aborderons quelques techniques destinées à aider votre enfant à s'endormir seul. Celles-ci seront proposées en fonction de l'âge de l'enfant et des particularités individuelles, et accompagnées d'exemples puisés dans le quotidien.

Sevrage de la présence parentale

Technique de la chaise combinée

Nous proposons cette technique dès qu'un problème semble se préciser chez le nourrisson ou pour prévenir de futurs problèmes. Tout d'abord, il est aussi important de développer un rituel qui fait en sorte que l'enfant prend son bain le plus tard possible et après toutes les activités stimulantes de la soirée. Il est préférable de déposer le bébé dans son lit alors qu'il est encore éveillé, comme on le fait avec les enfants plus vieux. Il est envisageable que le boire précède le coucher lorsque l'enfant très jeune est calme et presque endormi, mais, avec le temps, vous pourrez tenter de donner le boire avant le bain. Il est aussi conseillé d'installer le nourrisson dans sa dormeuse avant de le mettre dans son lit.

Il peut être profitable d'utiliser un bruit de fond comme un bruit de vague ou de pluie ou un ventilateur non dirigé vers le berceau. Il est suggéré de maintenir ce bruit toute la nuit. Cela pourrait faciliter son endormissement lors de la mise au lit, mais aussi lors des réveils nocturnes. Vous pouvez installer une chaise à côté du berceau ou vous étendre dans votre lit à côté de lui si son berceau est accessible. Vous pouvez lui chanter une berceuse, le caresser, le balancer de droite à gauche, placer ses doigts près de sa bouche pour qu'il puisse les téter doucement jusqu'à ce qu'il s'endorme. Si votre bébé résiste fortement et fait une crise de pleurs, vous pouvez le prendre doucement dans vos bras pour qu'il se calme et le déposer de nouveau dans son lit avant qu'il se rendorme dans vos bras.

Il est aussi possible d'y aller encore plus graduellement en endormant votre bébé sur vous, mais sans trop le serrer dans vos bras, en réduisant les mouvements de la chaise berçante ou en plaçant une grosse couverture ou même un coussin entre vous deux.

Vous diminuerez ensuite graduellement vos mouvements chaque soir pour finir par cesser de le toucher. Vous pouvez continuer à chanter pendant un certain temps si cela semble le calmer. Vous pouvez finalement cesser de chanter tout en restant dans la pièce à côté du berceau. Progressivement et en douceur, votre bébé développera sa capacité à s'endormir sans intervention de votre part, ce qui réduira ses réveils nocturnes. La fréquence des boires diminuera naturellement selon ses besoins.

Il sera utile d'utiliser le même comportement la nuit lors des réveils. Après le boire, déposez le bébé dans le lit avant qu'il soit trop endormi et refaites les mêmes gestes que vous avez faits au moment du coucher. Le papa peut aussi faire cette intervention pour permettre à la maman d'aller se recoucher.

Cette technique peut progressivement être appliquée à toutes les situations d'endormissement, y compris les siestes. Il est aussi important de stabiliser graduellement les heures de boire et de favoriser le boire après la sieste pour éviter les mauvaises associations (boire pour s'endormir).

Alexandre

Alexandre 2 ½ mois, s'endort au sein, au biberon ou dans les bras. Il est mis au lit entre 21 et 22 heures. Il se réveille deux fois par nuit pour boire.

Il fait des petites siestes de 30 minutes s'il est déposé dans son lit. Ses siestes peuvent durer jusqu'à deux heures lorsqu'il est dans les bras, en poussette ou en auto.

Il dormait mieux pendant ses deux ou trois premières semaines de vie. Des symptômes de reflux se sont manifestés à 3 mois et un traitement pharmacologique a été amorcé (voir la section *Coliques, reflux, intolérance au lait*, à la page 139).

Il a un frère de 4 ans. La méthode du 5-10-15 a été utilisée lorsqu'il avait 4 mois et cela a bien fonctionné. Il dort encore très bien.

Sa routine de coucher est la suivante : il prend un bain, il boit au sein en étant bercé et sa maman lui donne la sucette pour l'aider à s'endormir.

Il se réveille vers 2 ou 3 heures et vers 5 ou 6 heures. À chacun de ces réveils, sa maman l'allaite et il se rendort bien. Après le dernier boire de 5 heures, sa maman l'amène dans son lit pour terminer la nuit.

La maman précise que la respiration d'Alexandre est plutôt encombrée la nuit. Il boit toutes les trois heures dans la journée (150 mL de lait, lorsque donné au biberon).

Il fait de bonnes selles chaque jour.

La maman d'Alexandre se demande si elle peut commencer à appliquer la technique de l'attente progressive même s'il a seulement 2 ½ mois. Elle est très fatiguée, car elle doit aussi s'occuper du frère aîné d'Alexandre. Elle craint cependant qu'Alexandre réveille son frère si elle le laisse pleurer.

....

Solution proposée

Il est en effet un peu trop tôt pour utiliser la méthode du 5-10-15 (technique d'attente progressive), d'autant plus que le nourrisson de cet âge n'a pas toujours la maturité cérébrale nécessaire pour consolider les patrons de sommeil qui évoluent avec l'âge. Il faut chercher à regrouper les périodes de sommeil pour ainsi prolonger les nuits.

Aussi, ce n'est que vers l'âge de 2 mois que le bébé peut développer la capacité à se consoler par lui-même. Vous vous demandez quels sont les premiers signes indiquant que votre bébé est prêt? Il dort une nuit par hasard jusqu'au matin! S'il en est capable une fois, c'est qu'il en est capable tout le temps!

Mais que faire en attendant ce moment? Il est conseillé d'instaurer rapidement une routine de coucher. Comme nous l'avons mentionné plus tôt, le bain devrait toujours précéder le coucher. Il est vrai qu'il semble parfois exciter certains bébés. Dans ce cas, masser ou bercer bébé pourrait aider à le calmer.

Les parents d'Alexandre ont suivi nos recommandations et mis en place la routine suivante. Ils le font boire vers 20 h 30 et lui donnent ensuite son bain. Ils lui instillent de l'eau saline dans le nez pour réduire la congestion nasale et améliorer la qualité de son sommeil. Ils bercent ensuite Alexandre en le plaçant dans sa dormeuse et en mettant le bruit de fond choisi. Lorsqu'il est calme, ils le déposent encore éveillé dans son lit.

Ils installent ensuite une chaise à côté du berceau; ils le caressent, le balancent de droite à gauche et lui placent les doigts près de la bouche (au lieu de lui mettre la sucette) jusqu'à ce qu'il s'endorme. Ils réduiront chaque soir le balancement et finiront par cesser complètement. Ils quittent la chambre lorsqu'Alexandre est endormi et, peu à peu, avant qu'il ne soit endormi. Ils peuvent en outre placer une couverture sur les barreaux du lit pour qu'Alexandre ne les voie pas.

Nous leur avons conseillé d'appliquer cette technique pendant la journée en stabilisant graduellement l'horaire des boires et des siestes et en s'assurant de ne pas faire coïncider le boire avec la sieste.

Les parents d'Alexandre aborderont en outre son problème de reflux avec le pédiatre pour ajuster la prise d'antiacides avant le coucher jusqu'à ce que les boires cessent la nuit et, possiblement, pour prévoir une prise le matin afin de réduire les malaises dans la journée.

Après quelques jours, Alexandre a réussi à s'endormir par lui-même. L'horaire des siestes a été plus long à établir, mais, graduellement, il a réussi à dormir dans son lit à des heures fixes. Au début, il ne dormait que 30 minutes, mais les siestes se sont peu à peu prolongées. On peut prolonger la sieste d'un bébé de moins de 3 ou 4 mois en intervenant rapidement dès son réveil, notamment en le caressant ou en lui offrant ses doigts à téter. Il est alors possible qu'il se rendorme. S'il ne réussit pas dans les 20 premières minutes, toutefois, il est fort possible qu'il ne se rendorme pas seul. On peut alors compléter la sieste dans la poussette (éviter les bras) pour réussir à stabiliser l'horaire. Avec le temps, les siestes se prolongeront sans que vous ayez à intervenir.

Plus bébé grandira, plus on pourra réduire les boires de nuit... et surtout l'aider à se rendormir seul en le caressant ou en le berçant au lieu de lui donner à boire dès son réveil.

Technique de l'attente progressive (ou méthode du 5-10-15)

Cette technique a pour objectif d'apprendre aux jeunes enfants à s'endormir seuls. La technique combinée peut être utilisée au début (voir la section précédente), mais il se peut que votre enfant pleure encore plus et réclame vos bras lorsqu'il vous voit ou que vous ne voyiez pas d'amélioration après quelques soirs. Dans ce cas, il est souvent plus efficace d'utiliser la technique de l'attente progressive. Le tout-petit (de 4 à 6 mois jusqu'à environ 18 mois) a une compréhension limitée des choses ; il est dès lors difficile de lui faire comprendre qu'il doit s'endormir seul. Et, malheureusement, on ne peut éviter quelques pleurs pour y arriver. Il est recommandé de créer des associations d'endormissement reproductibles la nuit et indépendantes du parent. On instaure d'abord un rituel stable annonçant que l'heure du coucher approche (voir la section *Importance des routines, des associations liées à l'endormissement et de l'hygiène de vie*, à la page 45). On donne à l'enfant un objet (doudou, toutou) qui remplace la présence du parent pendant l'endormissement. On peut aussi offrir une couverture ou un vêtement qui a l'odeur de la mère pour le rassurer et l'aider à s'endormir. Le parent est le mieux placé pour savoir quoi offrir à son enfant. Même si l'enfant ne semble s'intéresser à rien de particulier, il est important de lui trouver un objet. Une mère disait, par exemple, que son enfant n'aimait aucun objet en particulier. Or, celui-ci avait l'habitude de s'endormir en touchant les cheveux de sa maman et en se caressant avec ces derniers. Nous avons proposé à la mère d'offrir à son enfant une couverture pelucheuse ou un ourson à poil long pour qu'il puisse avoir le même type de sensation en s'endormant. Le toutou a ainsi progressivement remplacé les cheveux de la maman au moment de l'endormissement. Il est important de ne pas trop encombrer le lit (notamment à cause du risque de MIN), mais un petit toutou-doudou ne compromet pas la sécurité de l'enfant et lui permet, avec le temps, de se sentir rassuré. Il apprendra à téter un petit bout d'oreille ou de nez pour se consoler !

Le premier soir, après le rituel, le parent dépose le bébé bien éveillé dans son lit. Les parents ont souvent tendance à les endormir dans leur bras. Ils disent qu'il est réveillé parce qu'il ouvre un œil lorsqu'ils le déposent, mais le simple fait de l'aider à s'assoupir peut créer une association : il peut vous appeler la nuit pour se retrouver dans ce même état. Lorsqu'il est couché dans son lit, le parent peut placer l'objet choisi entre ses bras, tout près de lui ou le caresser doucement avec l'objet. Il apprendra au fil du temps à faire ces gestes seul pour se réconforter la nuit. Le parent doit s'assurer que l'environnement de la chambre est optimal (voir la section *Environnement*, à la page 47). Souvent, les pleurs commencent lorsque le parent quitte la chambre. Il est fortement conseillé de fermer la porte de la chambre. Les pleurs du bébé peuvent rapidement décourager le parent qui entreprend cette technique. Il est plus facile pour lui de continuer le processus si le bruit des pleurs est atténué par la porte fermée. Les frères et sœurs (et les autres occupants de la maison) seront aussi moins incommodés par le bruit et moins dérangés dans leur sommeil. En fermant la porte, le parent indique au bébé que les visites sont terminées et qu'il ne reviendra plus, ce qui décourage plus rapidement le bébé de le rappeler. Les bébés en pleurs ont en effet souvent tendance à regarder en direction de la porte en attendant le parent.

Il faut se rappeler que le jeune bébé n'a pas encore peur du noir. Par ailleurs, les parents, se réveillant tôt pour aller travailler, peuvent involontairement réveiller leur bébé s'ils font du bruit alors que la porte est demeurée ouverte. Encore une fois, l'utilisation d'un bruit de fond dans la chambre peut contribuer à éviter ces réveils.

Le délai d'attente avant de retourner réconforter le bébé doit tenir compte de la tolérance aux pleurs du parent : la période de cinq minutes souvent suggérée peut très bien être diminuée à 1 ou 3 minutes. Lorsque le parent retourne dans la chambre, il réconforte le bébé en renforçant son attachement pour le nouvel objet. Il parle à l'enfant sur un ton doux, mais ferme, pour ne pas encourager le bébé à l'attendre. Il lui offre le nouvel objet de réconfort pour qu'il le caresse et finisse par s'y attacher et par s'endormir seul. Il quitte ensuite la chambre et augmente le temps d'attente de 3 à 5 minutes avant de retourner le voir. Si le parent choisit de faire des visites toutes les 5, 10 et 15 minutes, il doit continuer par la suite de retourner voir le bébé toutes les 15 minutes jusqu'à ce qu'il s'endorme. L'intervention du parent doit être brève, rassurante, mais ferme afin de ne pas l'inciter à l'attendre et afin qu'il finisse par s'endormir seul. Si l'enfant s'endort avant la visite suivante, le parent ne doit pas retourner le voir pour vérifier s'il dort réellement. En effet, s'il est sur le point de s'endormir, un simple bruit peut lui faire ouvrir les yeux et le faire pleurer de plus belle. On peut s'attendre à ce que la première soirée soit assez difficile, tant pour le parent que pour l'enfant, mais la persévérance du parent permettra au bébé d'apprendre à se rendormir pendant la nuit sans son intervention. Certains parents décident de ne pas retourner voir le bébé même lorsque les pleurs persistent. En effet, plusieurs bébés pleurent de plus belle lorsque le parent entre dans la chambre, ce qui devient encore plus insupportable pour celui-ci. Ce moyen peut être approprié, mais il faut être persistant et maintenir cette façon de faire jusqu'au bout. Le parent doit éviter de modifier ses interventions s'il souhaite que l'enfant réponde rapidement à ce qu'il attend de lui.

Les visites peuvent être faites par l'un ou l'autre des parents, en alternance. On remarque toutefois que la visite du père semble diminuer la persistance des pleurs, surtout chez les bébés allaités. On peut alors favoriser sa présence. Quand la situation est plus stable, il est important que la mère intervienne aussi, car le bébé doit s'habituer à ce que les visites soient faites par l'un ou l'autre de ses parents.

Évidemment, la *première nuit*, le bébé se réveillera comme à son habitude, puisqu'il ne sait pas encore comment se rendormir seul, mais, avec le temps et en effectuant toujours les mêmes interventions, ses réveils s'espaceront. On recommande d'attendre au moins 5 minutes avant d'aller voir le bébé (ou 1 à 3 minutes, selon ce que vous avez choisi de faire le premier soir) afin de lui donner l'occasion de se rendormir seul. N'oubliez pas d'agir toujours de la même façon, à chaque visite.

Le *deuxième soir*, après le même rituel, on peut allonger le délai précédant la première visite à environ 10 minutes (ou 5 à 7 minutes) et ainsi de suite chaque soir (par tranches de 5 minutes). Le deuxième soir, le temps d'attente entre les visites sera donc de 10, 15 et 20 minutes, puis toutes les 20 minutes par la suite jusqu'à ce que le bébé s'endorme. De plus, le parent devra attendre 10 minutes avant d'aller voir le bébé s'il se réveille pendant la nuit. Il est très important d'augmenter ensuite le délai de 5 minutes par soir pour s'assurer du succès rapide de la technique.

Le *troisième soir*, le délai entre les visites sera de 15, 20 et 25 minutes, et ainsi de suite pendant environ une semaine. Le parent peut s'attendre à voir des améliorations dès la troisième nuit. Le temps d'endormissement sera de plus en plus court le soir (diminution des pleurs), les réveils seront de moins en moins fréquents la nuit et le bébé se rendormira seul en pleurant peu (d'où l'importance de lui laisser le temps de se rendormir).

La technique de l'attente progressive doit être appliquée de la même façon pour les siestes, mais il faut généralement attendre plus longtemps avant d'obtenir des résultats positifs. Le parent ne doit pas se décourager et il doit persévérer avec le même rituel d'association. Par contre, on ne recommande pas de laisser pleurer le bébé plus d'une demi-heure, surtout s'il ne dort pas plus de 15 minutes par la suite. Il vaut mieux, alors, le lever et attendre la prochaine sieste. On suggère de ne pas dépasser une heure pour l'ensemble du processus. Si le bébé est trop fatigué par la suite, le parent peut devancer (un peu) l'heure de la prochaine sieste. Une amélioration devrait survenir au bout de quelques jours ou d'une semaine. Les parents d'un nourrisson de 6 mois et moins peuvent le cajoler, lui redonner son doudou, lui donner ses doigts à téter et l'aider à se calmer dès qu'il se réveille. S'il ne réussit pas à se rendormir dans les 20 minutes suivantes, vous pouvez :

- Le lever et attendre la prochaine sieste. Cela dépendra de son humeur ;

- Mettre bébé dans la poussette ou la balançoire pour prolonger la sieste et stabiliser les heures. Évitez de le garder dans vos bras. Ces mesures doivent par ailleurs être temporaires.

Vous serez surpris de voir les progrès réalisés par votre bébé dès les premières nuits. Pendant les premiers jours, voire les premières semaines, il est bon de toujours procéder au même rituel du coucher (siestes incluses) afin de ne pas donner au bébé des informations contradictoires. La répétition est importante pour le succès de cette démarche, car elle permet de renforcer les nouveaux comportements d'endormissement.

Lorsque la situation sera réglée, on peut s'attendre à ce que le bébé puisse s'endormir seul même en l'absence des parents, que ce soit avec les grands-parents ou la gardienne, par exemple.

Il n'est pas rare que le bébé recommence à se réveiller la nuit alors qu'il ne le faisait plus depuis quelques jours ou semaines. **Le parent ne doit pas se décourager** et doit rester ferme. Le bébé reprendra ses bonnes habitudes d'endormissement après quelques jours si l'intervention reste toujours la même.

Y a-t-il des risques à laisser pleurer un bébé ?

Voici la question que tout parent aimant se pose souvent et qui fait l'objet de grands débats. Mon enfant risquet-il d'être anxieux plus tard si je le laisse pleurer ? Cela affectera-t-il notre lien d'attachement ? Se sentira-t-il abandonné ? Est-ce grave s'il a la voix rauque le matin après avoir pleuré pendant la nuit ? En gardera-t-il des séquelles toute sa vie ? La réponse à ces questions n'est pas toujours claire, mais voici quelques réflexions pour vous rassurer.

Cette méthode, appelée 5-10-15 et utilisée depuis fort longtemps, a été décrite en 1956 par un pédiatre de Boston, le Dr Richard Ferber, dans un ouvrage intitulé *How to Solve your Child's Sleep Problems*. Cette technique a été éprouvée au fil du temps. Elle a évolué, mais elle demeure toujours aussi efficace. Plusieurs autres approches découlent d'ailleurs de cette technique.

Les parents qui ont utilisé cette méthode constatent que leurs enfants se portent bien, même parfois mieux que d'autres. Mais pour vous rassurer davantage…

Laisser pleurer ? ....

Une étude internationale publiée en 2012 dans la revue *Pediatrics* par un groupe de médecins a démontré qu'il était approprié de laisser pleurer un bébé pour qu'il parvienne à s'endormir seul et que cette méthode n'entraînait pas de séquelles psychologiques. L'étude conclut que les parents peuvent décider d'agir comme ils le veulent, puisqu'il n'y a pas de différence entre les conséquences psychologiques des diverses méthodes. Et on ne devrait surtout pas laisser un parent se sentir coupable de laisser pleurer son bébé. Il semble par ailleurs que les enfants ayant appris plus jeunes à s'endormir seuls aient moins de problèmes de sommeil pendant l'enfance et qu'ils aient tendance à conserver de bonnes habitudes de sommeil toute leur vie.

Situations particulières

Il arrive que le bébé se réveille lorsqu'il a un malaise, qu'il est malade ou qu'il perce des dents. Il faut alors éviter de se précipiter dès les premiers pleurs ; s'il ne se rendort pas comme à l'habitude (après 10 à 15 minutes environ), le parent peut aller le voir, tenter de soulager ses malaises et essayer de le recoucher sans le prendre dans ses bras. Sachez cependant qu'une fois n'est pas coutume et qu'il est possible de le prendre et de le bercer pour le calmer si son état vous inquiète. Évitez cependant de le rendormir dans vos bras ! Il suffit peut-être de rester à côté de lui en le caressant avec son objet de réconfort, en lui parlant doucement. Il continuera ainsi à bien dormir dès que ses symptômes seront soulagés.

Pour plusieurs parents, il est impensable de ne pas prendre leur bébé lorsqu'il est malade ou souffrant ; ils désirent souvent le prendre avec eux dans leur lit pour se rassurer. Cette mesure doit demeurer transitoire ; dès que le bébé va mieux, il faut reprendre les bonnes habitudes. Des progrès devraient être constatés encore plus rapidement cette fois-ci (surtout si l'épisode de retour des réveils a été de courte durée), puisque l'enfant a déjà réussi à s'endormir seul. Il faut cependant souligner que plus on arrête d'appliquer la technique fréquemment, plus il peut devenir difficile et long d'obtenir les résultats attendus.

Sevrage des boires de nuit

Le parent doit aussi penser à réduire graduellement les boires de nuit lorsqu'il utilise la technique du 5-10-15 ou la technique de l'attente progressive. Les spécialistes considèrent que l'apport calorique diurne est suffisant pour combler les besoins énergétiques nécessaires à la croissance et au développement d'un bébé de 4 à 6 mois. Si on veut que le bébé apprenne rapidement à s'endormir seul, il ne doit pas boire lorsqu'il se réveille pendant la nuit. Un bébé qui boit environ 250 mL une ou plusieurs fois par nuit peut se réveiller parce qu'il ressent la faim lorsque l'heure habituelle du boire arrive. Son réveil n'est donc pas uniquement dû à un problème d'association succion/endormissement.

Voici quelques moyens pour cesser les boires de nuit :

1. **Arrêtez les biberons d'un seul coup.** L'élimination de l'association succion/endormissement se fera plus rapidement. Cette méthode est plus facile à appliquer lorsque le bébé commence à sauter un réveil et à ne boire que de temps en temps. Aussi, si le bébé saute un boire après s'être endormi seul (en pleurant) les premiers soirs, cela montre qu'il n'en avait pas réellement besoin.

2. **Diminuez la quantité de lait par biberon :** 30 mL (dans chaque biberon) la première nuit, 30 mL de plus la deuxième nuit et ainsi de suite jusqu'à ce qu'il n'y ait plus de lait dans le biberon. Le parent peut alors offrir de l'eau à l'enfant. Les réveils devraient progressivement diminuer, car il est rare que les bébés se réveillent pour de l'eau.

3. **Diluez le lait avec de l'eau** en augmentant la quantité d'eau de 30 mL par biberon chaque nuit. Nous recommandons de combiner les solutions 2 et 3, c'est-à-dire de commencer par diminuer la quantité de lait de 30 mL

par biberon jusqu'à concurrence de 120 mL par biberon et d'ensuite mettre moitié eau, moitié lait dans le
biberon, tout en continuant à diminuer la quantité de
liquide et en augmentant la dilution jusqu'à ce qu'il
n'y ait plus que 30 mL d'eau dans le biberon. De plus,
pour ne pas créer de confusion chez le bébé à qui on
apprend à s'endormir seul, il faut éviter que ce dernier
se rendorme en prenant son biberon, même la nuit (il
n'est donc pas nécessaire de lui donner la quantité totale
prévue). Lorsque le bébé réussit à sauter des boires, on
recommande de le laisser pleurer un peu (voir la technique de sevrage de la présence parentale, à la page 65)
et de ne pas lui offrir à boire dès la première visite,
surtout si l'intensité des pleurs semble diminuer. Si les
pleurs ne diminuent pas après deux ou trois visites, on
peut lui offrir un biberon, même s'il ne contient que
de l'eau.

Si maman allaite

Il est évident qu'il est plus difficile de mesurer la quantité
de lait que boit un bébé allaité. Il est en outre très difficile
de diminuer le temps de succion. Le bébé n'acceptera
pas facilement qu'on lui retire le mamelon de la bouche
avant d'être bien repu, mais il est suggéré de le faire en
diminuant de moitié le temps de succion chaque nuit. Il
faut par ailleurs éviter que le bébé se rendorme au sein,
comme avec le biberon.

On suggère de ne pas endormir le bébé au sein au
coucher ou lors des boires de nuit. S'il vous semble trop

difficile de faire le sevrage du sein lors des boires de nuit, diminuez les quantités (tel que discuté dans la section précédente) en donnant un biberon contenant du lait maternel, du lait maternisé (pour la transition seulement) ou de l'eau. Il est possible de laisser un biberon d'eau à la température ambiante dans la chambre du bébé pour réduire le temps d'intervention.

Le parent doit se fier à son jugement et à son niveau de tolérance pour déterminer comment il souhaite procéder.

Michael

Michael, 5 mois, s'endort au sein vers 22 heures et se réveille toutes les trois heures pour boire. Vers 4 heures, sa mère l'amène dans son lit… La nuit se termine vers 7 h 30. Sa mère est très fatiguée. Dans la journée, Michael fait plusieurs petites siestes. Il s'endort souvent au sein ou dans les bras de sa mère ; il peut ainsi dormir une heure à la fois. Sinon, sa mère l'amène se promener en poussette.

Comme plusieurs bébés de son âge, Michael n'a jamais dormi une nuit complète sans se réveiller, mais il a fait quelques nuits de six heures vers 2 ½-3 mois, sautant alors un boire. Malheureusement, cela n'a pas duré ! Il doit toujours s'endormir au sein, dans les bras de sa mère, en poussette ou en auto. C'est un bébé qui est, sinon, en bonne santé.

Plusieurs parents reconnaîtront sans doute leur enfant en Michael! Tout d'abord, le parent peut être rassuré : un bébé de 5 mois n'a plus besoin de boire la nuit, surtout s'il mange de la nourriture solide le jour. De plus, s'il a réussi à sauter un boire de nuit vers 3 mois, c'est qu'il est capable de ne plus en prendre... Il est alors important d'éviter de recommencer à lui donner à boire lorsqu'il se réveille. En effet, pour faciliter la régulation de l'horloge biologique, on doit instaurer une routine avec des heures de sommeil fixes, tant pour les siestes que pour le coucher du soir. Quand le bébé commence à manger, il devient plus facile de planifier la journée en alternant les siestes, les repas solides et les boires aux quatre heures. Par ailleurs, la croyance populaire selon laquelle un bébé qui commence à manger dort toute la nuit n'est généralement vraie que lorsqu'une routine a été bien instaurée et que de nouvelles associations d'endormissement ont été adoptées.

Solutions proposées

Voici l'horaire type que nous avons suggéré à la mère de Michael. Puisqu'il se réveille vers 7 h 30, il peut boire au lever, manger des céréales ensuite (on peut attendre une demi-heure s'il n'a pas faim tout de suite) et faire une sieste vers 9 h 30 (il faut le déposer éveillé dans son lit). On peut ensuite lui donner un repas et un boire vers 11 h 30 ou midi et lui faire faire une autre sieste vers 13 h 30. On peut lui donner un autre boire vers 16 heures et lui donner un repas solide vers 17 heures. À cet âge, certains bébés ont encore besoin d'une petite sieste en fin de journée, ce qui peut retarder le coucher du soir (vers 21 ou 22 heures). Sinon, on peut sauter la sieste et coucher le bébé vers 19 ou 20 heures s'il est trop fatigué. Ce n'est pas parce qu'on couche un bébé tôt le soir qu'il se réveillera automatiquement plus tôt le matin. En fait, c'est souvent l'inverse. Plus le bébé fait une belle nuit sans se réveiller, plus il dort longtemps, car il sait comment se rendormir et prend le temps dont il a besoin pour se reposer sans dépendre d'une aide extérieure.

On suggère aux parents de mettre en place un bon rituel de coucher le soir et d'utiliser la technique de l'attente progressive (5-10-15). Voici un plan qui permettra de parvenir à de bons résultats. Il faut tout d'abord instaurer une routine de coucher si ce n'est pas déjà fait. Il est préférable de le nourrir avant le bain, car les bébés de cet âge s'endorment souvent en buvant. Il faut déposer le bébé éveillé dans son lit. Le parent peut lui offrir des objets rassurants — un toutou ou une couverture qui a l'odeur de sa maman, par exemple — pour qu'il s'habitue à s'endormir seul.

On applique ensuite la méthode de l'attente progressive (5-10-15). Certains parents ont beaucoup de difficulté à laisser pleurer leur enfant; il est possible de mettre cette méthode en œuvre plus doucement en réduisant les temps d'attente de départ (1-3-5). L'important est d'augmenter le temps entre chaque visite et d'une journée à l'autre. Le parent plus inquiet peut choisir de rester assis à côté de son bébé en le caressant et le calmant et d'ensuite se retirer graduellement (voir la technique de la chaise combinée, à la page 65). Il est recommandé de commencer cette technique le soir, puisque le bébé est plus fatigué que lors des siestes le jour. Il est donc probable qu'il pleure moins longtemps.

Exemple d'horaire

Lever • 7 h 30 ↔ Lait, nourriture solide

9 h 30 ↔ Sieste

11 h 30 – 12 heures ↔ Lait, nourriture solide

13 h 30 ↔ Sieste

15 h 30 – 16 heures ↔ Boire

17 heures ↔ Nourriture solide

17 h 30 ↔ Sieste
(courte et selon les besoins jusqu'à 6 mois)

19 h 30 – 20 heures ↔ Coucher précédé d'un boire

21 heures ↔ Coucher si le bébé a fait une sieste
en fin de journée

Michael (suite) ··· .

La mère de Michael se sent prête à faire les efforts nécessaires et souhaite régler la situation le plus rapidement possible. Elle modifie la routine (boire-bain-dodo) et décide d'employer la méthode du 5-10-15. Elle le couchera 10 à 15 minutes plus tôt chaque soir pour l'amener graduellement à se coucher vers 20 heures. À chaque visite, elle lui parle doucement : « Tu dois dormir mon amour, c'est la nuit... » ; elle lui met son toutou dans les bras, lui colle la couverture sur la joue et quitte rapidement la pièce, car Michael fait une crise terrible lorsqu'il voit sa mère. Les visites sont alternées avec celles du papa, qui semblent décourager plus rapidement les pleurs du petit.

Le *premier soir*, Michael finit par s'endormir au bout d'une heure. Vers minuit et demi, la mère entend Michael qui pleurniche un peu. Elle attend cinq minutes et va le voir, car les pleurs sont de plus en plus forts. Elle le rassure et retourne se coucher. Les pleurs semblent diminuer et Michael se rendort finalement. Il se réveille de nouveau vers 3 h 30. Elle attend cinq minutes, va le réconforter brièvement, puis attend 10 minutes, mais les pleurs demeurent aussi forts ; elle décide alors de l'allaiter, mais ne le laisse pas s'endormir au sein. Lorsqu'il a bu la moitié du temps habituel, c'est-à-dire quatre minutes, elle le recouche avec la couverture et le toutou et le laisse pleurer.

Cette fois, elle n'y retourne pas, puisqu'il se rendort au bout de 15 minutes. Elle évite de l'amener dans son lit, comme à l'habitude, et ne va le chercher que vers

6 h 30, lorsqu'il se réveille. Elle attend alors cinq minutes pour voir s'il se rendort ou s'il a bien terminé sa nuit et le lève, sans toutefois lui donner à boire tout de suite. Elle lui donne à boire vers 7 h 30 et à manger ensuite. Elle le remet au lit vers 8 h 30 ou 9 heures en utilisant la méthode de l'attente progressive (5-10-15). La mère de Michael a remarqué que ce dernier devient plus irritable et se frotte le nez autour de cette heure-là... Il faut éviter de trop attendre pour coucher le bébé, puisque celui-ci peut, s'il est fatigué, devenir agité et avoir plus de difficulté à s'endormir.

Au bout d'une heure, Michael pleure encore et ne dort toujours pas. Suivant nos conseils, sa mère va le chercher, mais elle évite qu'il s'endorme dans ses bras. Elle lui fait prendre son repas plus tôt et le couche vers midi plutôt que 13 heures. Cette fois, il s'endort très rapidement, après 10 minutes de pleurs. Sa sieste dure une heure et demie. Elle lui donne à boire vers 16 heures et à manger vers 17 heures. Après son repas, Michael dort dans sa chaise pendant 25 minutes.

Le *deuxième soir*, elle commence plus tôt la routine du coucher, vers 21 h 30, en suivant la séquence 10-15-20. Cette fois, Michael s'endort après la deuxième visite. Il se réveille vers minuit et chigne un peu, mais il se rendort après huit minutes de pleurs (la mère n'est pas allée le voir, car elle attend maintenant 10 minutes avant de faire une première visite). Michael se réveille encore une fois vers 4 heures. Cette fois, il pleure pendant 10 minutes, puis 15 minutes, et il ne semble pas se rendormir. Sa mère va donc le faire boire, mais pendant seulement deux minutes (moitié moins de temps que la veille), et le dépose ensuite encore éveillé dans son lit (avec son toutou et sa couverture). Il pleure encore 10 minutes et finit par s'endormir. Il se réveille vers 7 heures.

Vers 9 heures, après son repas, elle le dépose dans son lit pour la sieste. Elle fait 2 visites après 10 minutes et ensuite, après 15 minutes. Michael ne dort toujours pas et chigne un peu. Sa mère décide de ne pas aller le voir, puisque ses visites provoquent généralement des pleurs plus forts. Après 20 minutes, Michael s'endort et dort pendant une heure. Elle le fait ensuite boire et manger suivant son horaire, soit vers midi, et le recouche vers 13 h 30 en suivant le même processus. Michael s'endort après deux visites et dort pendant une heure et demie.

Le *troisième soir*, la mère de Michael commence la routine boire-bain-dodo vers 20 h 30 parce qu'il semble fatigué. Elle augmente l'intervalle des visites (15-20-25 minutes). Michael s'endort après 15 minutes et sa mère n'a pas besoin de retourner le voir. Il se réveille à 4 heures et pleure pendant 15 minutes. Sa mère va le voir et Michael se rendort dans les 15 minutes suivantes. Il se réveille vers 7 h 30, bien reposé !

Résultat

Il aura fallu trois jours et trois nuits pour mettre en place la routine et il faudra encore quelques jours pour consolider les siestes. Après une semaine, Michael se couche vers 20 heures (avec peu de pleurs) et se réveille vers 7 h 30. Il fait une sieste vers 9 heures et une autre vers 13 heures. Il continue à faire une petite sieste de 15 à

30 minutes vers 17 h 30 et s'endort vers 20 heures tous les soirs. Si, vers 5 ½-6 mois, il recommence à pleurer en se couchant ou s'endort plus tard, sa mère pourra raccourcir ou couper complètement la sieste de fin d'après-midi et le coucher vers 19 h 30 s'il est trop fatigué.

Routine de la chaise

On propose d'appliquer cette technique chez les enfants à partir de 18 mois-2 ans. La routine de la chaise permet à l'enfant d'apprendre graduellement à se séparer de ses parents au coucher et à développer des associations d'endormissement indépendantes de ces derniers. On peut l'utiliser tout au long de l'enfance lors des retours en arrière.

Le parent qui doit rester près de l'enfant pour qu'il s'endorme peut offrir à ce dernier un objet de transition afin de pouvoir s'en éloigner progressivement chaque soir. Le premier soir, le parent devrait s'asseoir à côté de l'enfant (sur une chaise ou sur le lit, s'il le faut) au lieu de s'allonger à ses côtés. On peut aussi mettre un toutou ou un coussin entre le parent et l'enfant. Il doit ensuite s'éloigner un peu plus chaque soir de l'enfant en reculant la chaise de quelques centimètres. Il peut par exemple reculer la chaise de 20 cm ou plus chaque soir, selon la tolérance de l'enfant. La chaise doit rester au même endroit toute la nuit et pendant les siestes. Ainsi, si l'enfant réclame un parent la nuit, celui-ci peut s'asseoir sur la chaise au même endroit que la veille en attendant que l'enfant se rendorme.

Il faut aussi renforcer l'attachement de l'enfant envers son objet de transition en le lui remettant dans les bras et en insistant sur l'importance de celui-ci pour se réconforter et bien se rendormir. Les interactions avec l'enfant doivent être brèves et fermes. Le parent ne doit pas faire les choses à sa place, mais lui montrer comment se rendormir seul. Il peut dire, par exemple : « Serre fort ton toutou, vois comme il est doux ! Tu feras de beaux rêves avec lui dans les bras. » Ou encore : « Tu peux appuyer ta couverture contre ta joue pour te calmer et te rendormir.(en faisant le geste pour l'aider à comprendre) ». Il est important de favoriser son autonomie en lui disant qu'il est capable d'y arriver. Si l'enfant se sent en sécurité avec son objet de réconfort et qu'il s'endort bien avec lui, il acceptera de laisser partir le parent avant de s'endormir. Le parent peut aussi utiliser des techniques de renforcement (comme la méthode du calendrier quand l'enfant est en âge de comprendre) pour faciliter le processus (voir *Techniques de renforcement*, à la page 93).

Gabrielle ....

Gabrielle a 2 ans. Elle s'endort difficilement (il lui faut une heure et demie pour s'endormir). Son père doit s'allonger près d'elle. Elle se réveille vers 2 heures et va rejoindre ses parents dans leur lit. Parfois, elle met plus d'une heure à se rendormir, même dans le lit de ses parents. La situation a empiré depuis que la mère est alitée, en attente d'un deuxième enfant qui menace de naître trop tôt. Pour le moment, c'est surtout le père qui s'occupe de Gabrielle.

Gabrielle se couche vers 19 h 30-20 heures. Ses parents ont déjà établi une routine calme à partir de 18 heures. Elle prend un bain, joue calmement, boit un verre de lait en écoutant la télé, puis joue avec sa poupée dans sa chambre. Vers 19 h 30, son père lui lit une histoire dans son lit pendant 10 à 15 minutes. Il s'allonge ensuite à côté d'elle jusqu'à ce qu'elle s'endorme. Cela peut prendre plus d'une heure. Dès que son père essaie de se lever (après 15 minutes, croyant qu'elle dort), elle ouvre les yeux et le réclame. Vers 2 ou 3 heures, elle va rejoindre ses parents dans leur lit. Elle bouge beaucoup et met parfois une heure à se rendormir (compte tenu de la grossesse de la maman, ils sont un peu à l'étroit dans le lit !). À la garderie, Gabrielle fait une sieste d'une heure et demie, mais elle refuse d'en faire à la maison le week-end. Son père doit l'amener en voiture pour qu'elle dorme. Gabrielle doit par ailleurs prendre du *Ventolin*®et du *Flovent*® lorsqu'elle a le rhume.

....

Solutions proposées

Dans ce genre de situation, il est recommandé d'utiliser la technique de la chaise. Tout d'abord, il faut comprendre que Gabrielle vit une situation anxiogène, car sa mère ne peut pas prendre soin d'elle comme avant. Afin d'instaurer un bon rituel de sommeil, mieux vaut éviter la télévision au moins une heure avant le coucher et faire en sorte que Gabrielle prenne son bain juste avant d'aller au lit. Une période de lecture avec maman avant de dormir peut être bénéfique. Une autre période avec papa, dans la chambre cette fois, peut aider Gabrielle à apprivoiser sa chambre. Elle peut aussi dormir avec l'oreiller de maman ou porter son haut de pyjama comme jaquette. Il est important de lui expliquer le pouvoir de réconfort que possède cet objet: «C'est comme si tu dormais avec maman.» Il faut aussi éviter que Gabrielle boive son lait au lit, sauf pendant l'histoire.

Le papa de Gabrielle peut lui laisser un gobelet d'eau à côté de son lit pour qu'elle puisse le prendre elle-même pendant la nuit si elle le désire. Il peut également lui proposer une récompense en utilisant la méthode du calendrier de motivation (voir page 93). Le papa de Gabrielle installera une chaise près d'elle le premier soir et s'éloignera un peu plus chaque soir. De plus, lorsque Gabrielle se lève la nuit, le père la reconduira dans son lit en lui rappelant les bienfaits de l'oreiller «magique» de maman et en lui promettant qu'elle aura un autocollant si elle écoute bien. Le père peut ensuite rester assis sur la chaise, qui doit demeurer au même endroit que le soir au coucher, jusqu'à ce que Gabrielle se rendorme. Il est possible de lui offrir un produit naturel, comme la valériane (voir la section *Moyens complémentaires*, à la page 96), pour que la transition se fasse plus facilement. L'enfant qui s'endort très détendu le soir a moins tendance à se réveiller pendant la nuit en réclamant ses parents. L'enfant s'endort ainsi malgré lui, ce qui facilite la démarche.

Résultat

Le père de Gabrielle a suivi ces conseils, mais il a choisi de ne pas donner de valériane à sa fille. Au début, il a dû menacer de quitter la chambre et de fermer la porte, car Gabrielle ne voulait pas que son père s'éloigne et elle se relevait sans cesse. Au bout d'une semaine, Gabrielle s'endormait seule et son père restait près de la porte ; elle ne se réveillait plus la nuit. La semaine suivante, après la lecture de l'histoire, le père quittait la chambre après un baiser en disant à Gabrielle qu'il reviendrait la voir « dans cinq minutes ». Gabrielle ne se relevait pas, s'endormait bien et ne se levait plus la nuit. La première semaine a été très difficile, mais le papa est resté ferme et constant, et Gabrielle a bien réussi son apprentissage.

Techniques de renforcement

Méthode du calendrier ou récompenses

Le fonctionnement de la méthode du calendrier consiste à renforcer l'apprentissage des nouveaux comportements d'endormissement et à rendre l'enfant fier de ses efforts. On utilise cette technique en complément des autres techniques expliquées précédemment. Elle permet de récompenser les efforts faits par l'enfant pour suivre une nouvelle consigne. On peut l'appliquer à partir de 2 ans, selon le niveau de compréhension de l'enfant. Au moment du coucher, le parent doit expliquer clairement à l'enfant la consigne ou le nouveau comportement en précisant l'objectif visé. Il peut lui offrir un autocollant s'il réussit à adopter le comportement demandé. L'autocollant peut être appliqué sur un calendrier auquel l'enfant a accès, sur la porte de sa chambre, ou sur sa main s'il est plus jeune, et cela dès le lever. Cela lui permettra de voir la progression de ses efforts. L'enfant peut ainsi recevoir une récompense après un nombre déterminé de nuits consécutives sans se lever.

Cette technique perd parfois son efficacité lorsqu'elle est utilisée trop fréquemment pour encourager l'adoption de divers comportements. Le parent peut alors proposer une autre façon de faire. Il peut par exemple ajouter un bloc à une construction lego et lui dire que la construction finale sera sa récompense. Il peut aussi mettre des pièces dans une tirelire pour acheter une petite surprise lorsque l'objectif sera atteint ou ajouter des pierres « précieuses » sur un fil pour en faire un collier que l'enfant pourra porter fièrement.

Ticket modérateur

Le ticket modérateur consiste à renforcer l'apprentissage des nouveaux comportements d'endormissement et à rendre l'enfant fier de ses efforts. On utilise cette technique en complément des autres techniques expliquées précédemment. Elle ne peut être utilisée avant l'âge de 3 ans environ, puisqu'elle exige une bonne compréhension de la part de l'enfant.

Il est important d'avoir des objectifs réalistes et de récompenser l'effort autant que le résultat. En plus de son ourson ou de son toutou (objet de transition), le parent peut offrir à l'enfant plusieurs petits objets (billes, figurines) qu'il pourra garder près de son lit pendant la nuit (sur sa table de chevet, par exemple). Il doit lui expliquer au coucher qu'il ne pourra les garder que s'il ne se lève pas. S'il se lève, on lui confisquera l'un des objets. S'il a réussi à en conserver cinq à la fin de la semaine (nombre à déterminer avec lui au préalable), il aura droit à une récompense ou à un privilège.

Il faut être très attentif à ne pas récompenser l'enfant trop vite et trop largement, car il en demandera toujours plus. On doit en outre augmenter les exigences un peu chaque soir pour réussir à atteindre nos objectifs. On ne peut évidemment pas lui demander de faire une nuit sans réveils dès le premier soir ni lui donner une récompense dès la première nuit.

L'enfant sera très heureux de vous plaire, mais c'est à vous que revient la tâche d'établir vos exigences et vos attentes. Il est important de s'assurer qu'il les a bien comprises avant de s'endormir, car la nuit n'est pas propice aux discussions et les interventions nocturnes doivent être brèves. On conseille de ne pas retirer l'objet transitionnel pendant la nuit ; il vaut mieux que l'enfant assume les conséquences de ses comportements au réveil, réduisant ainsi les crises interminables la nuit. Il est parfois profitable de répéter la consigne avant de le faire. On donne ainsi une chance à l'enfant ! Le parent peut ainsi renvoyer l'enfant au lit en lui rappelant qu'il risque de se faire enlever son ourson ou son toutou (son objet transitionnel) s'il n'y retourne pas seul ou qu'il se fera retirer une bille ou une figurine au lever.

Moyens complémentaires

Voici quelques moyens complémentaires pour faciliter les nouveaux apprentissages. Cette section s'adresse plus particulièrement aux parents qui ont de la difficulté à laisser pleurer leur enfant ou à ceux dont les enfants ont un tempérament difficile ou résistant.

Naturopathie et homéopathie

Certains produits naturels offerts en vente libre contribuent à corriger les troubles de sommeil (valériane, cataire, camomille, etc.). La littérature médicale traitant de l'efficacité et des effets secondaires à long terme des produits naturels est cependant limitée par rapport à celle concernant les produits pharmaceutiques brevetés. Les essais cliniques semblent toutefois démontrer leurs effets positifs chez de nombreux enfants. On trouve aussi des produits homéopathiques (*Quiétude*® de la compagnie Boiron, *Calme*® de la compagnie Homéocan 0-9, etc.) pour traiter les problèmes de sommeil passagers. Ils sont généralement disponibles en pharmacie et on peut les utiliser pendant une courte période, même si leur composition n'est pas toujours clairement décrite sur le contenant. Malheureusement, la période d'utilisation maximale préconisée pour certains produits (environ 10 jours) est souvent trop courte pour résoudre certains problèmes. On peut donner certains produits au coucher seulement ou deux fois par jour (matin et soir) pour calmer les enfants plus actifs ou aider les petits dormeurs lors des siestes.

Valériane

La valériane est une plante qui a un effet connu pour favoriser le sommeil. Elle aurait en outre un effet sédatif et permettrait de réduire l'anxiété et de diminuer les spasmes musculaires. Elle est offerte en comprimés, en concentré liquide ou en tisane. On suggère d'utiliser la forme liquide pour les jeunes enfants. Le parent peut donner ce produit à son enfant à partir de 1 an. Il doit cependant être vigilant, car certaines marques contiennent de l'alcool en plus ou moins grande concentration. Elles peuvent aussi contenir d'autres produits qui facilitent l'endormissement (lavande, passiflore, camomille, cataire, etc.). On suggère de diluer la valériane dans un peu d'eau et de donner cette préparation à l'enfant une demi-heure avant le coucher (pas dans le biberon). Les doses recommandées selon l'âge sont indiquées sur le contenant et peuvent varier selon les fabricants. La valériane est disponible dans les magasins de produits naturels et parfois dans les pharmacies. La compagnie La Clef des champs offre des produits de bonne qualité qui ne présentent aucun danger si l'on respecte les recommandations d'usage (*Glycéré dodo*®).

La valériane doit cependant être utilisée de manière temporaire pour éviter le développement d'une dépendance ou une baisse d'efficacité. Elle peut aider à instaurer une nouvelle routine ou à calmer l'enfant dans certaines situations (terreurs nocturnes, spasmes musculaires, anxiété de séparation), facilitant ainsi la mise en place de nouveaux comportements de sommeil.

Mélatonine

La mélatonine est une hormone sécrétée pendant la nuit par la glande pinéale (située dans le cerveau). Elle est libérée lorsqu'il fait noir. La quantité sécrétée atteint son maximum vers minuit et diminue ensuite au cours de la seconde partie de la nuit. Au Québec, on en trouve facilement en vente libre, notamment dans les magasins de produits naturels et en pharmacie. Elle est généralement offerte en comprimés, mais elle existe aussi sous d'autres formes (liquide, bande linguale, etc.). Les suppléments de mélatonine semblent contribuer à faciliter l'endormissement, à régulariser le rythme circadien et à atténuer les effets du décalage horaire. Son usage n'est pas recommandé chez les enfants de moins de 2 ans.

Certaines pathologies génétiques (le syndrome de Williams, le syndrome Smith-Magenis et le syndrome Angelman, par exemple) entraînent une diminution de la libération naturelle de la mélatonine dans le corps. Les suppléments de mélatonine peuvent donc améliorer le sommeil des enfants aux prises avec ces problématiques. Il semble en outre que la mélatonine longue durée soit efficace pour lutter contre les périodes de réveils prolongés qui surviennent au cours de la nuit.

La mélatonine peut être indiquée pour les enfants atteints de troubles neurologiques et pour les enfants aveugles, qui, souvent, ont de la difficulté à régulariser leur horloge biologique. Les enfants autistes sont eux aussi couramment confrontés à des problèmes de réveils prolongés. Dans certains cas, la mélatonine longue durée peut permettre d'augmenter la durée de leur sommeil (voir la section *Atteintes neurologiques*, à la page 151).

Il est important de savoir que la mélatonine donne de meilleurs résultats lorsqu'elle est combinée à un bon rituel de coucher et aux divers éléments favorisant le développement de bonnes habitudes de sommeil.

Relaxation

On recommande d'utiliser toute méthode ou stratégie permettant à l'enfant de se détendre avant le coucher : prendre un bain avec une huile essentielle, recevoir un massage, écouter de la musique douce, etc. Lorsque l'enfant est plus vieux, on peut lui faire soulever les membres en soufflant doucement lorsqu'il les redescend ou encore lui demander de serrer des balles avec les mains pendant quelques secondes et de relâcher à quelques reprises. Ces moyens devraient cependant s'inscrire dans une stratégie plus large (création d'un environnement physique adéquat et utilisation d'une méthode de sevrage parental) afin d'améliorer leur efficacité.

Médicaments

Dans diverses circonstances ou pour certains problèmes de sommeil, il peut arriver qu'un médecin doive prescrire à l'enfant un médicament pour dormir. Son utilisation devrait être limitée dans le temps, sauf dans certains cas de pathologies neurologiques.

Le *Bénadryl*®, un antihistaminique en vente libre, est connu pour son effet sur les symptômes d'allergie, mais aussi pour la somnolence qu'il peut provoquer. Il est offert en liquide ou en comprimés, selon la dose ajustée au poids. Il peut être utilisé de manière temporaire pour faciliter l'endormissement lors de l'application de la technique de sevrage parental ou lors de l'apparition de nouveaux problèmes, notamment les réveils nocturnes conflictuels. Il faut tout de même savoir que le *Bénadryl®* a peu d'effet sur certains enfants et qu'il a même parfois un effet inverse à celui qui est recherché. De plus, son utilisation à long terme entraîne souvent une diminution de l'effet désiré.

Le *Gravol®*, un antinauséeux, et l'*Atarax®*, un antihistaminique, sont des médicaments sur ordonnance souvent utilisés pour leur effet sédatif. Ils peuvent aussi avoir l'effet inverse sur certains enfants, qui peuvent alors devenir irritables et agités.

Les benzodiazépines sont parfois indiquées pour traiter certains problèmes d'endormissement ou dans les cas de somnambulisme et de terreurs nocturnes (voir la section *Terreurs nocturnes*, à la page 109). Ce traitement est prescrit par le médecin de l'enfant s'il le juge nécessaire. D'autres médications plus spécifiques peuvent être prescrites par le médecin dans certains cas de pathologies neurologiques.

William ···

William, 5 ans, se couche vers 19 h 30. Il s'endort avec sa mère qui lui caresse le dos. Il se réveille vers 23 h 30 et va faire pipi. Il va voir ses parents et son père le raccompagne et s'allonge avec lui pour qu'il se rendorme. Vers 2 ou 3 heures du matin, il se lève encore pour faire pipi et demande qu'on le borde. Le père retourne s'allonger avec lui pour qu'il s'endorme. Il arrive que le père s'endorme lui aussi et qu'il dorme avec lui le reste de la nuit. L'apparition du problème coïncide avec le début des classes.

....

Que faire pour aider William ?

La première étape consiste à revoir le rituel du coucher. Après le souper, William écoute la télévision. Il prend ensuite un bain et lit une histoire dans le salon. Puis, sa mère le met au lit et s'allonge à ses côtés pour lui caresser le dos. Il s'endort alors très rapidement. Il est évident que William a besoin d'une présence parentale et qu'il devra apprendre à s'endormir seul. La mère précise que William a une respiration bruyante la nuit. Le spécialiste qui l'a examiné il y a quelques mois n'a cependant identifié aucun problème respiratoire ni hypertrophie des végétations adénoïdes. Les parents de William doivent s'assurer que la température ambiante est adéquate (20 degrés Celsius ou moins) et que le taux d'humidité est approprié (entre 30 et 40 %). Il peut être nécessaire de vaporiser de l'eau saline dans le nez de William avant de le coucher pour facilitera respiration. S'il doit prendre du *Ventolin*® lors d'un rhume, il est préférable qu'il le fasse au moins deux à trois heures avant le coucher.

Solutions proposées

Un changement dans le rituel de coucher de William s'impose. Il faut éviter la télévision avant le coucher et la remplacer par la lecture d'une histoire (privilégier les histoires décrivant des rituels de coucher). Il faut par ailleurs limiter la prise liquidienne durant la soirée (à cesser après le repas du soir) afin d'éviter que William se lève la nuit pour uriner (une vessie pleine peut le réveiller). Les parents de William peuvent aussi lui offrir un objet pour se rassurer — l'oreiller de maman ou le pyjama de papa, par exemple — et utiliser ainsi la technique du ticket modérateur pour l'encourager à apprendre à s'endormir seul. L'utilisation d'un produit naturel peut aussi contribuer à diminuer l'anxiété ressentie, surtout avec l'application de la technique de retrait de la présence parentale.

Lors des réveils nocturnes, le père raccompagne William dans sa chambre pour qu'il se rendorme seul. Après quelques jours, il lui demande de retourner seul dans son lit et lui propose une récompense s'il réussit. Il faut toujours rappeler à l'enfant que ses efforts comptent et le récompenser en ce sens.

Résultat

Après un mois, William s'endort tout seul. Il se réveille à l'occasion, mais il parvient à se rendormir seul. Il n'a plus besoin d'aller aux toilettes pendant la nuit. Les parents de William peuvent alors cesser graduellement de lui donner le produit naturel sans qu'il perde ses nouvelles habitudes.

Succès ou échec?

Pourquoi les efforts déployés par les parents pour régler les problèmes de sommeil de leur enfant n'ont-ils pas toujours les effets escomptés? D'abord, différents malaises physiques (poussées dentaires, rhumes) et malaises digestifs (reflux, coliques) surviennent dans les premiers mois et les premières années de vie de l'enfant. Lorsque l'enfant se réveille parce qu'il est incommodé par l'un de ces malaises, le parent doit le soigner en prenant garde de ne pas favoriser le développement d'une dépendance ou de mauvaises associations d'endormissement. L'enfant risque, sinon, de réclamer de plus en plus fréquemment la présence et les soins du parent.

Il faut en outre prendre en compte les besoins personnels des parents qui se sentent coupables de travailler, qui ont des horaires contraignants (travail de nuit ou de soir) ou qui ne sont tout simplement pas capables de laisser pleurer leur bébé. Les parents qui décident d'intervenir pour régler un problème de sommeil doivent tout d'abord déterminer leur niveau de tolérance aux pleurs de leur enfant.

Il faut aussi tenir compte du tempérament du bébé. Il se peut en effet qu'il soit plus tenace et qu'il pleure plus longtemps que ce à quoi on s'attendait. Le parent qui décide d'appliquer une technique pour régler le problème de sommeil de son enfant a besoin du soutien de son conjoint ou de sa conjointe, de la gardienne, des grands-parents et de l'entourage immédiat. Les parents doivent parfois aussi composer avec des enfants aux comportements difficiles qui sont réfractaires à toute forme de discipline, ce qui interfère avec le succès des méthodes proposées.

Il peut également arriver que les parents n'aient pas la même vision du problème (le père veut laisser pleurer l'enfant alors que la mère en est incapable).

Il faut en outre penser aux couples séparés qui ont la garde partagée de l'enfant et qui n'ont pas les mêmes habitudes ou règles de vie.

Certaines contraintes environnementales peuvent également compliquer la tâche des parents. La fratrie que l'on ne veut pas réveiller avec les pleurs du bébé, les voisins que l'on ne veut pas déranger, l'espace restreint qui fait que le bébé doit dormir dans la chambre des parents, voilà autant de facteurs qui peuvent interférer avec les stratégies utilisées pour régler les problèmes de sommeil de l'enfant.

Pour assurer le succès de leur démarche, les parents doivent se fixer des objectifs réalistes en tenant compte de leur réalité quotidienne (par exemple, commencer à appliquer les stratégies choisies le vendredi ou pendant les vacances). Ils doivent également identifier les divers éléments de la démarche en tenant compte de leurs limites, de leurs croyances et de leurs motivations, ainsi que du tempérament et de la personnalité de leur enfant. Les parents sont les mieux placés pour savoir comment encourager leur enfant à suivre de nouvelles règles. Il est généralement beaucoup plus profitable d'amadouer l'enfant que de se mettre en colère.

Pour ne pas se décourager ou se laisser submerger par l'émotion lorsqu'il vivra des moments difficiles, le parent devrait écrire les étapes de sa démarche et les suivre comme on suit une recette. Le soutien du conjoint est en outre essentiel à la bonne réussite de la démarche. Il arrive qu'un parent veuille dormir avec l'enfant et que l'autre parent, en désaccord, aille dormir ailleurs... À la longue, cette situation peut entraîner des conflits dans le couple.

Il est tout à fait possible que le problème de sommeil réapparaisse à un moment ou un autre. En effet, il n'est pas rare que le bébé recommence à pleurer la nuit, sans raison apparente, dans les mois suivants la résolution du problème. Il est alors important de le laisser se rendormir seul, car il a déjà prouvé qu'il en était capable. Il est aussi possible qu'il recommence à se réveiller s'il est malade ou s'il a une poussée dentaire. Il faut alors lui donner les soins nécessaires (antipyrétiques, solution saline) sans le rendormir en le berçant et sans l'amener avec soi dans son lit. Il est important de le laisser se rendormir seul pour ne pas lui redonner de mauvaises habitudes d'endormissement. Le parent doit rester ferme et constant. Certains parents sont très inquiets lorsque leur enfant est malade et préfèrent rester près de lui. S'ils le font, il est possible qu'ils doivent répéter certaines étapes du sevrage de leur présence lorsque la situation sera réglée... Plus les méthodes de sevrage sont appliquées de manière constante et systématique, plus les résultats sont concluants.

Conseils pour favoriser un bon sommeil

Chez l'enfant

▸ Maintenir un horaire stable de coucher sans trop de variations (une à deux heures maximum) pendant les week-ends et les périodes de vacances.

▸ Allouer 20 à 30 minutes à la routine de coucher (trois ou quatre étapes stables) et terminer le tout dans la chambre avec une histoire et des bisous.

▸ S'assurer que l'environnement de la chambre à coucher est propice au sommeil (aucun stimuli, obscurité, température relativement fraîche).

▸ Éviter de punir l'enfant en le retirant dans sa chambre.

▸ Ne pas mettre de téléviseur dans la chambre ; il devient difficile de contrôler son utilisation lorsque l'enfant grandit.

▸ Éviter les repas trop lourds une à deux heures avant le coucher. Une collation légère peut cependant être donnée.

▸ Éviter les aliments contenant de la caféine (boissons gazeuses, chocolat, etc.) trois à quatre heures avant le coucher.

▸ Ajuster les siestes selon l'âge de l'enfant. Des siestes trop longues peuvent compromettre le sommeil de nuit.

▸ Favoriser l'exercice physique dans la journée, si possible à l'extérieur.

En résumé

Chez l'adolescent

▶ Maintenir un horaire stable de coucher sans trop de variations (une à deux heures maximum) pendant les week-ends, indépendamment du coucher tardif des vendredis et samedis soir, et pendant les périodes de vacances (sinon reprendre l'horaire régulier une semaine avant la fin des vacances).

▶ Éviter les siestes en fin de journée pour ne pas interférer avec l'endormissement le soir. Si l'adolescent est trop fatigué et qu'il doit faire une sieste, il est préférable qu'il la fasse juste après le repas du midi pendant un maximum de 30 minutes.

▶ Favoriser l'exposition de l'adolescent à la lumière matinale en l'encourageant à faire de l'exercice à l'extérieur, ce qui l'aidera à consolider son horloge biologique. L'idéal est de faire de l'exercice chaque jour et de cesser une à deux heures avant le coucher (sinon cela pourrait retarder l'endormissement).

▶ Créer un environnement de sommeil confortable (sombre, frais et dénué de stimuli). Le lit doit être suffisamment grand pour l'adolescent et être utilisé pour dormir seulement. La présence d'animaux de compagnie peut parfois nuire au sommeil.

▶ Encourager l'adolescent à prendre son bain ou sa douche 30 à 60 minutes avant l'heure prévue du coucher. Il peut aussi écouter de la musique douce et lire (éviter les romans trop captivants).

▶ Éviter les aliments contenant de la caféine (boissons gazeuses ou énergisantes, café, thé, chocolat, etc.) trois à quatre heures avant le coucher.

- Éviter l'alcool ou le tabac avant le coucher, car ils peuvent provoquer des réveils nocturnes.

- Encourager l'adolescent à pratiquer des respirations lentes et profondes pour l'aider à se détendre et favoriser l'endormissement. S'il ne s'endort pas au bout de 20 à 30 minutes il peut se relever, feuilleter une revue ou écrire ses tracas sur une feuille et la ranger dans un tiroir ou à l'extérieur de la chambre… jusqu'au lendemain matin.

- S'assurer que l'adolescent ne conduit pas lorsqu'il fatigué, surtout en fin de journée, afin d'éviter les accidents.

CHAPITRE 4

Situations et problèmes particuliers

Les parasomnies

Terreurs nocturnes

Il arrive parfois que des parents entendent leur enfant crier en pleine nuit : il est assis dans son lit, les yeux ouverts, se débattant avec on ne sait quoi, sans voir ce qui l'entoure… Il ne faut pas s'inquiéter, car il s'agit d'une terreur nocturne. Ce n'est pas dangereux. Les terreurs nocturnes affectent environ 3 % des enfants, avec une prédominance chez les garçons. Ce phénomène apparaît habituellement chez les enfants âgés de 18 mois à 6 ans (parfois même chez les enfants plus jeunes). Les épisodes s'estompent généralement après 6 ans ou se transforment en somnambulisme ou en somniloquie.

L'enfant dort, mais il ne rêve pas. Les terreurs nocturnes se manifestent en effet pendant les phases 3 et 4 (sommeil profond), soit 60 à 90 minutes après l'endormissement initial. Il peut même arriver que cela se produise après une heure de sieste. L'enfant dort, mais il peut bouger, parler, crier… Il est parfois en sueur, son visage est très pâle, ses yeux sont dilatés et fixes et son regard est vide. Ses cris sont parfois terrifiants, il se débat et son discours n'a aucun sens. Il ne répond pas clairement lorsqu'on lui adresse la parole. Il arrive même que les manifestations empirent lorsqu'on essaie d'intervenir. L'épisode peut être bref ou durer de 10 à 30 minutes. On note quelquefois de petits épisodes répétés pendant environ une heure. Parfois, après un épisode, l'enfant se réveille, souvent perdu et inquiet, surtout lorsqu'il voit le regard apeuré de ses parents.

Les enfants souffrant de terreurs nocturnes ont souvent une histoire familiale de terreur, de somnambulisme, de somniloquie ou d'énurésie (pipi au lit la nuit). Cela veut dire que l'un des parents (ou les deux) a déjà vécu de telles manifestations lorsqu'il était jeune (elles peuvent même parfois être encore présentes à l'âge adulte). Ces manifestations sont habituellement sporadiques et intermittentes. Elles peuvent être plus fréquentes lorsque l'enfant est très fatigué, notamment s'il ne dort pas suffisamment ou que son horaire de sommeil est irrégulier, comme pendant les vacances ou dans un environnement de sommeil bruyant ou différent. Il se peut aussi qu'elles soient provoquées par des changements dans son quotidien (début de garderie ou d'année scolaire, journée de plein air). Puisqu'il est plus fatigué, la durée des phases 3 et 4 augmente, et la fréquence potentielle des épisodes de terreurs augmente avec elle.

Certains enfants sont victimes d'épisodes de terreurs nocturnes lorsqu'ils commencent à se retenir d'aller aux toilettes pendant la nuit. Des épisodes peuvent aussi se manifester lorsqu'on coupe la sieste du matin chez un tout-petit qui a déjà une prédisposition aux terreurs nocturnes. Dans ce cas, il suffit parfois simplement de reprendre la sieste du matin pour régler le problème.

De plus, la fièvre, l'état grippal ou un autre problème de santé peut favoriser leurs apparitions.

Peut-on diminuer ou faire cesser ces manifestations ? Bien sûr ! Tout d'abord, il est important de ne pas intervenir lors des épisodes de terreurs nocturnes, sauf, évidemment, si l'enfant risque de se blesser ou de tomber en bas de son lit. L'enfant n'a habituellement pas besoin d'être rassuré, puisqu'il n'a pas conscience de ce qui se passe. C'est le parent qui est le plus inquiet. Il semble toutefois qu'une caresse du parent peut diminuer les manifestations ou aider à faire cesser l'épisode lorsque celui-ci se prolonge. Il est très important de ne pas réveiller l'enfant, car il risque, à la longue, de manquer de sommeil profond et récupérateur, ce qui pourrait entraîner une augmentation du nombre d'épisodes.

Les parents réussissent parfois à identifier les facteurs qui précipitent l'apparition des terreurs nocturnes. Il n'y a cependant pas grand-chose à faire pour les prévenir. Il est préférable d'éviter de raconter ces épisodes aux jeunes enfants, car cela pourrait augmenter leur anxiété et aggraver le problème. Pendant les périodes plus intenses, il est possible de réduire le nombre d'épisodes en régularisant l'horaire de sommeil (il faut parfois réintroduire la sieste) et en établissant une routine de coucher rassurante, calmante... L'enfant doit aussi éviter de regarder la télévision ou de jouer à l'ordinateur avant de se coucher, car cela pourrait augmenter la fréquence des épisodes.

Il est parfois nécessaire de donner un produit naturel calmant (de la valériane, par exemple) avant le coucher, surtout lorsque les terreurs nocturnes se produisent toutes les nuits. Il est nécessaire de prendre ces précautions jusqu'à ce qu'elles cessent. Si les épisodes sont fréquents, il peut être utile de réveiller l'enfant de 15 à 30 minutes avant l'heure où ils se produisent habituellement afin de lui permettre de recommencer un nouveau cycle de sommeil sans qu'ils apparaissent. Il faut toutefois faire attention de ne pas faire en sorte que l'enfant demande à nouveau de l'aide pour se rendormir. On peut le réveiller en douceur pour lui offrir une gorgée d'eau ou l'amener aux toilettes, par exemple. Il est évidemment difficile d'appliquer ce traitement si l'épisode ne se produit pas à heures fixes, comme c'est quelquefois le cas chez les jeunes enfants. Enfin, il vaut mieux consulter un médecin si les interventions mises en œuvre ne donnent aucun résultat; certaines situations nécessitent une médication pour être maîtrisées. Il arrive que les épisodes de terreurs nocturnes perdurent jusqu'à l'adolescence. Elles cessent souvent spontanément.

Éveils confusionnels

L'éveil confusionnel est différent des terreurs nocturnes. Il se produit en effet pendant un changement de phase ou de cycle de sommeil, à n'importe quelle heure de la nuit. L'enfant crie, pleure, ne reconnaît pas ses parents et ne se souvient pas de l'événement le lendemain matin. Les éveils confusionnels sont cependant plus fréquents chez les enfants qui font des terreurs nocturnes. L'intervention est la même que pour ces dernières.

Somnambulisme et somniloquie

Tout comme les terreurs nocturnes, les accès de somnambulisme (se promener pendant le sommeil) et de somniloquie (parler pendant le sommeil) surviennent dans les phases 3 et 4 du sommeil profond. Les épisodes de somnambulisme et de somniloquie sont aussi amplifiés par le stress et la fatigue, mais ils sont moins bouleversants que les terreurs nocturnes. Ils sont habituellement peu fréquents ; seulement 6 % des enfants vivent plus régulièrement ces épisodes. Dans certains cas, leur fréquence peut atteindre quatre épisodes ou plus par semaine.

Le **somnambulisme** se manifeste généralement une ou deux heures après l'endormissement, tout comme les terreurs nocturnes. Il se peut que ces enfants se lèvent et sortent de leur chambre ; il faut donc s'assurer qu'ils ne se blessent pas. Il peut être utile d'installer un grelot ou une petite cloche sur la porte de leur chambre. Cela vous permettra d'éviter les accidents (par exemple si l'enfant emprunte l'escalier ou cherche à sortir de la maison). Il faut parfois mettre des loquets sur les portes extérieures pour éviter qu'il sorte. Il peut en outre être recommandé de réorganiser la chambre à coucher pour la rendre plus sécuritaire et limiter les déplacements. Par exemple, il est parfois indiqué de bloquer physiquement l'accès à la porte de la chambre ou d'éviter de mettre le lit près d'une fenêtre. Il vaut mieux éviter de faire dormir l'enfant à l'étage supérieur d'un lit superposé ! Dans le même ordre d'idées, il ne faut pas réveiller l'enfant, mais le raccompagner dans son lit pour qu'il continue à dormir en toute sécurité, car il est rare que plusieurs épisodes surviennent au cours d'une même nuit. Il est conseillé d'éviter de parler à l'enfant de ce qui s'est passé pour ne pas créer une anxiété et aggraver le problème.

On peut généralement diminuer la fréquence des épisodes en adoptant une bonne routine de coucher, en prévoyant des moments de détente et en évitant l'exposition aux stimuli lumineux (télévision, ordinateur, console de jeux). Pendant les périodes de somnambulisme plus intenses, il peut être utile de donner à l'enfant un produit naturel (la valériane, par exemple) pour prévenir les manifestations.

Il est aussi possible de réveiller l'enfant 15 à 30 minutes avant l'heure habituelle de l'épisode (si elle est régulière), par exemple pour lui donner de l'eau ou l'amener aux toilettes.

L'hypnose peut aussi être une option pour régler les problèmes de somnambulisme chez les enfants plus vieux, surtout s'ils deviennent dérangeants ou dangereux. Il existe cependant peu d'études sur l'utilisation de l'hypnose pour traiter le somnambulisme chez les enfants.

En cas d'inquiétudes, il est suggéré de consulter un médecin.

La **somniloquie** (parler dans son sommeil) présente des caractéristiques semblables à celles du somnambulisme. Les manifestations de somniloquie surviennent en effet pendant la phase de sommeil profond et la personne ne se souvient de rien au petit matin. Comme ces épisodes sont moins dérangeants, on peut généralement favoriser la détente et instaurer un bon rituel de coucher pour les prévenir.

Marianne

Marianne, 10 ans, se lève et se promène la nuit à l'occasion ; dernièrement, on l'a même retrouvée endormie dans la cour. Marianne criait parfois dans son sommeil lorsqu'elle était plus jeune. On sait par ailleurs qu'elle avait participé à une compétition d'athlétisme la veille de l'épisode où elle est sortie de la maison. Les épisodes se produisent toujours vers 23 heures ou minuit. Ils sont heureusement peu fréquents : une fois tous les deux ou trois mois. Avec le recul, la mère de Marianne se rend compte que les épisodes de somnambulisme se produisent toujours après des journées particulièrement stressantes : compétitions, période d'examens, etc.

On peut essayer de prévenir les épisodes de somnambulisme en incitant Marianne à adopter une routine plus relaxante pendant les périodes de stress. Lorsque des épisodes se produisent, il est préférable de la raccompagner dans sa chambre sans la réveiller. Il faut aussi mettre en place des mesures de sécurité (cloche à la porte de sa chambre, système d'alarme, etc.). On peut aussi réveiller Marianne environ 30 minutes avant l'heure habituelle de l'épisode, soit 22 h 30-22 h 45, lorsqu'elle est somnambule pendant plusieurs nuits consécutives. La prise de valériane pourrait être utile pour prévenir les épisodes lors de ses journées particulièrement actives et stressantes.

Cauchemars

Les cauchemars sont un trouble du sommeil qui reste relativement bénin s'il ne se produit pas trop souvent. On remarque une augmentation de leur fréquence entre 3 et 6 ans. Les cauchemars sont souvent liés à la peur du noir et ils provoquent chez l'enfant une anxiété l'amenant souvent à refuser d'aller se coucher. Les épisodes de cauchemars surviennent généralement pendant la phase REM du sommeil. Les REM étant plus fréquents pendant la deuxième moitié de la nuit, les cauchemars se manifestent plus souvent après 2 ou 3 heures du matin. L'enfant se réveille apeuré, mais se différenciant du somnambule, il peut nous raconter son rêve. Il se sent rassuré par la présence de ses parents.

Les cauchemars se manifestent souvent à la suite d'événements — nous semblant parfois peu importants — ayant ponctué la journée de l'enfant. S'il est difficile de les éliminer complètement, une bonne routine, rassurante et relaxante, contribue cependant à diminuer leur apparition. Il faut aussi éviter toutes les stimulations inappropriées avant le coucher (télévision, consoles de jeux, etc.). Ce n'est pas seulement le contenu de l'émission (il faut quand même éviter les films d'horreur, même quand l'enfant a 10 ans !) ou du jeu qui dérange, mais aussi la surstimulation visuelle lumineuse à laquelle est soumise l'enfant. Il faut également s'assurer de bien choisir les histoires que l'on raconte aux enfants avant le coucher. Même certaines histoires bien connues (*Les trois petits cochons*, par exemple) contiennent des éléments apeurants (le loup) qui peuvent ressortir lorsque l'enfant se retrouve seul dans sa chambre. Il est important de l'écouter s'il a peur, mais il faut veiller à ne pas empirer la situation. Il faut l'aider à contrôler sa peur, à acquérir une certaine maîtrise de la situation. Par exemple, si votre enfant vous raconte son rêve lorsqu'il se réveille la nuit, vous pouvez changer la fin tragique en un événement drôle pour le détendre et l'aider à se rendormir. Il faut également lui faire comprendre que son rêve est fini et qu'il peut se rendormir. Il est important de lui faire sentir qu'il peut maîtriser la situation, par exemple en lui donnant une lampe de poche qu'il peut allumer lorsqu'il se réveille, faisant ainsi disparaître le « méchant ».

La préparation du coucher est également très importante. On peut offrir à l'enfant des objets rassurants : l'oreiller de ses parents, une veilleuse… On peut également faire appel à son imaginaire en récitant une formule magique avec une baguette ou une épée de chevalier. On peut aussi proposer une « poussière » que l'on répand sur son oreiller pour le protéger des méchants... ou un «capteur de rêves» qui le protégera des cauchemars durant la nuit.

Il est très important de ne pas amplifier la peur de l'enfant en lui demandant de raconter ses cauchemars pendant la journée. S'il en parle, mieux vaut dédramatiser la situation en le faisant rire et en associant l'événement à une situation drôle. Les enfants qui sentent qu'il est possible de diminuer leur peur font généralement moins de cauchemars. On peut également changer la fin dramatique d'un cauchemar en une fin moins traumatisante pour l'enfant.

Sophie

Sophie a 3 ans. Depuis quelque temps, elle se réveille en pleurs en appelant ses parents. Sa mère se précipite dans sa chambre, elle la prend dans ses bras et la console. Sophie ne veut plus que sa mère la quitte, car elle a peur... Sa mère discute avec elle, lui demande de quoi elle a peur et s'étend à ses côtés jusqu'à ce que Sophie se rendorme. Cela se reproduit toutes les nuits, parfois même deux fois par nuit. Il arrive que Sophie ne veuille plus se rendormir; sa mère l'amène alors dans son lit.

Sophie fait évidemment des cauchemars, ce qui est tout à fait normal à son âge. Il faut essayer de trouver ce qui provoque l'augmentation de leur fréquence. D'après la mère, les éducatrices de la garderie parlent beaucoup de sorcières parce que l'Halloween approche. Sophie aime beaucoup les sorcières et sa mère lui raconte des histoires les mettant en scène avant de se coucher. Elle s'endort avec son toutou favori et, dernièrement, elle a demandé à sa mère de rester près d'elle jusqu'à ce qu'elle s'endorme. Elle ne veut plus que l'on ferme la porte de sa chambre. Puisqu'elle fait souvent des cauchemars, sa mère essaie de la rassurer et lui parle des sorcières qui sont très gentilles. La mère de Sophie remarque que récemment, elle a peur de tout et de rien. Ses parents ne savent pas comment la rassurer et commencent à manquer eux aussi de sommeil.

Solutions proposées

Les cauchemars sont des événements « normaux », mais ils ne devraient pas nuire au bon déroulement de la journée ni provoquer des problèmes chaque nuit. La routine du coucher doit être rassurante et calme. On doit éviter de raconter des histoires effrayantes, même si l'enfant semble les apprécier. Les parents doivent par ailleurs s'abstenir de dormir avec l'enfant, et ce, pour plusieurs raisons. L'enfant pourrait croire qu'il a raison d'avoir peur et développer une dépendance envers le parent pour s'endormir. Nous ne disons pas qu'il ne faut pas croire à la peur et ne pas répondre au besoin de réconfort de l'enfant, mais nous vous encourageons à l'aider à trouver des moyens pour se rassurer lui-même. L'enfant qui reçoit une réponse positive à sa demande (d'aller dormir avec maman) peut croire qu'il avait raison d'avoir peur, puisque sa maman l'amène dans son lit alors qu'elle a toujours refusé. Cela ne peut qu'aggraver le problème.

Les parents de Sophie ont cessé de lui raconter des histoires qui stimulaient sa peur ; ils ont aussi réussi à la faire rire de l'élément traumatisant. Ils ont inventé une histoire avec une sorcière très maladroite qui a attiré la sympathie de Sophie ; elle s'est mise à l'aimer, mais elle a choisi de la laisser à l'extérieur de sa chambre au moment du coucher (c'est Sophie qui décide). Le sujet des sorcières a été un peu délaissé, sauf quand Sophie voulait en parler. La pauvre sorcière maladroite a fini par aller vivre dans un autre pays... De plus, Sophie dort maintenant avec la jaquette de sa maman et elle a mis, près de son lit, un capteur de rêves qui fonctionne à merveille. Elle dort aussi avec la couverture-câlin (une couverture lourde) qui la couvre de caresses pendant son sommeil. Elle reçoit en outre une pierre précieuse (un caillou) quand elle accepte de s'endormir sans ses parents.

Lorsqu'elle refait un cauchemar, elle serre très fort la jaquette et se sent rassurée. Elle a aussi une veilleuse et la porte de sa chambre reste ouverte. Elle a parfois encore besoin d'un câlin de maman, mais elle se rendort rapidement. Le rituel du soir est très agréable, calme, sans télévision. Sophie a hâte à l'Halloween, car elle sait que les sorcières n'existent que cette journée-là.

Syndrome d'apnée du sommeil

Le sommeil des enfants est généralement silencieux. On peut s'attendre à ce qu'il respire par la bouche s'il a un rhume, mais cela ne devrait pas toujours être le cas. Il est faux de croire que si papa ronfle, bébé peut ronfler aussi.

Un enfant ne devrait pas ronfler ni respirer par la bouche toute la nuit. Environ 2 % des enfants produisent des bruits d'étranglement en raison d'une obstruction partielle des voies respiratoires qui perturbe la respiration normale. Cet état respiratoire peut provoquer des épisodes d'apnée (suspension de la respiration pendant quelques secondes) et entraîner des réveils au cours de la nuit. Ces pauses respiratoires peuvent durer plus de 10 secondes et se manifester entre 5 et 10 fois par heure. Dans les cas plus graves, l'oxygénation s'en trouve diminuée. Le cerveau envoie des messages dans le but de rétablir une bonne respiration chez l'enfant, mais ces échanges entraînent plusieurs changements dans le cycle de sommeil et une altération de la sécrétion de l'hormone du sommeil (mélatonine), ce qui contribue à réduire la qualité et l'efficacité de celui-ci. Malgré ces petits réveils, certains enfants se rendorment facilement par eux-mêmes, mais d'autres ont besoin de l'aide de leurs parents. Puisque ces manifestations se produisent plusieurs fois par nuit, il arrive qu'on retrouve, au petit matin, un enfant cerné, très fatigué et difficile à lever ; il peut demeurer fatigué tout au long de la journée. La fatigue peut alors affecter son attention, sa mémoire, son jugement et son humeur (irritabilité, impulsivité, perte d'énergie). La situation, si elle perdure, peut entraîner un retard staturo-pondéral (croissance) et une réapparition de l'énurésie (pipi au lit).

Les parents ne remarquent pas toujours le ronflement, surtout si l'enfant de ne réveille pas pendant la nuit. On peut cependant supposer qu'il y a un problème si l'enfant :

- dort en position semi-assise avec plusieurs oreillers (ou dort mieux sur le fauteuil du salon !) ;
- respire principalement par la bouche la nuit ;
- a une voix nasillarde ;
- a des céphalées (maux de tête) le matin ;
- est très fatigué le matin et peine à sortir du lit ;
- est cerné et manque d'enthousiasme pour faire ses activités ;
- souhaite faire une sieste au retour de l'école ou la fin de semaine ;
- développe des problèmes d'apprentissage ou devient très agité le jour ;
- devient énurésique.

Ce syndrome est souvent associé aux cas d'obésité, aux syndromes génétiques (trisomie 21, Prader-Willi), aux anomalies craniofaciales et aux troubles neuromusculaires. Des éléments — souvent familiaux — comme la déviation de la voûte nasale peuvent aussi être en cause.

On le retrouve aussi chez les enfants souffrant d'allergies, d'asthme, de reflux ou d'infections des voies respiratoires fréquentes. Il se manifeste alors par une hypertrophie des amygdales ou par la présence de végétations adénoïdes affectant la qualité de la respiration.

Les enfants qui ronflent devraient être soumis à un examen médical (pédiatre ou ORL). Dans les cas bénins, un traitement médicamenteux nasal (instillation nasale d'eau saline ou stéroïde) et un changement dans l'environnement (augmentation du taux d'humidité dans la chambre de l'enfant, diminution de la température dans la pièce) peuvent suffire à régler le problème. Il faut aussi s'assurer que l'environnement ne contient pas de moisissures et autres allergènes.

Le traitement de l'asthme et des allergies et la perte de poids peuvent aussi contribuer à la résolution du problème.

Si toutes ces approches ont été abordées sans résultat, il peut être indiqué de procéder à l'enregistrement d'une nuit de sommeil complète en laboratoire (polysomnographie). Dans les cas plus graves, il peut être nécessaire de procéder à un traitement chirurgical (adéno-amygdalectomie). Certains cas de réveils fréquents se règlent spontanément après la chirurgie. Celle-ci entraîne aussi une diminution de la fatigue au cours de la journée, ce qui favorise une amélioration des résultats scolaires et du comportement. Des traitements plus spécialisés peuvent aussi être nécessaires.

Bruxisme

Le bruxisme (grincement des dents) est une manifestation relativement peu fréquente et est parfois familiale (dans 5 à 20 % des cas). Il peut arriver qu'une personne grince des dents pendant une période de sa vie seulement. Ce bruit, parfois inaudible par les parents, résulte de contractions répétitives et involontaires des muscles de la mâchoire durant la nuit. Cette manifestation est souvent associée à des problèmes dentaires spécifiques (malocclusion) et elle augmente pendant les périodes de grand stress ou d'anxiété. Environ 50 % des bébés ont tendance à en faire lors de la poussée de leurs premières dents, ce qui est normal et, surtout, passager.

La situation devient problématique lorsqu'on remarque une douleur à la mâchoire, une sensibilité accrue des dents et du visage pendant la journée et des maux de tête au lever. Le bruxisme peut, à la longue, provoquer des problèmes d'usure des dents et d'inflammation des gencives. Le problème est évidemment moins inquiétant lorsque l'enfant n'a pas encore ses dents d'adulte. Il n'existe pas de traitement spécifique contre le bruxisme, mis à part une bonne hygiène de sommeil au coucher, incluant des moments de relaxation, et la diminution de l'anxiété. Dans les cas plus persistants, lorsque les dents permanentes sont en place, une visite chez le dentiste s'impose. Ce dernier déterminera s'il est nécessaire de faire porter à l'enfant une prothèse buccale pendant la nuit pour protéger ses dents.

Le bruxisme persistant est plus courant chez les enfants souffrant d'atteintes neurologiques importantes comme la paralysie cérébrale et la déficience intellectuelle.

Rythmies nocturnes

Les rythmies nocturnes, aussi appelées *head banging* ou *bodyrocking*, se caractérisent par un balancement ou un cognement de la tête ou de l'ensemble du corps. Ces mouvements sont rythmés et suivent une cadence de 60 à 80 balancements ou cognements par minute. On remarque la présence de rythmies nocturnes chez 3 à 15 % des enfants. Ces manifestations peuvent apparaître vers l'âge de 9 mois et se résorbent généralement de façon naturelle vers 3 ou 4 ans. Il s'agit d'une manifestation normale chez les deux tiers des enfants qui en souffrent, surtout si elle a débuté tôt dans la vie, c'est-à-dire avant 1 an. Les rythmies nocturnes sont par ailleurs plus fréquentes chez les garçons. Les risques de blessure sont rares, puisque l'enfant fait ce mouvement pour s'endormir et se rassurer ou lors des changements de phase de sommeil durant la nuit. On remarque souvent ces manifestations chez les enfants souffrant de reflux gastro-œsophagien, d'infections des voies respiratoires supérieures, d'otites à répétition ou de toutes autres douleurs, et cela même si les malaises semblent s'être résorbés.

Les bébés souffrant de reflux sont souvent soulagés et calmés lorsqu'on les place dans une balançoire ou dans une poussette ou lorsqu'on les berce. Le balancement devient pour eux un mécanisme d'endormissement rassurant et efficace et l'enfant continue souvent à se balancer une fois le problème résolu. Il peut arriver que toute la famille soit incommodée par le bruit qu'occasionnent les mouvements de l'enfant, car, en plus de s'endormir le soir en se frappant ou en se balançant la tête, l'enfant utilise souvent ce comportement pour se rendormir lors des réveils nocturnes.

On peut essayer de diminuer les rythmies nocturnes en instaurant un rituel de coucher rassurant et relaxant. L'endormissement sera en outre plus rapide si l'on couche l'enfant à une heure appropriée. L'utilisation d'un métronome, d'un cadran avec un bruit régulier ou d'une musique douce en continu toute la nuit (bruit de fond) peut contribuer à réduire le cognement. Le parent peut aussi se procurer un matelas plus dur pour décourager le balancement et éloigner le lit du mur pour réduire le bruit et épargner le reste de la famille. Il peut aussi être indiqué d'installer une barrière de protection sur le bord du grand lit si l'enfant risque de tomber.

Lors des périodes de manifestations plus intenses, on peut aussi donner à l'enfant un produit naturel (la valériane, par exemple) ou homéopathique au moment du coucher.

Il est rare que l'enfant se fasse mal, mais un mouvement intense et régulier peut provoquer une ecchymose, par exemple. Malgré leur allure bénigne, il est important se questionner sur les malaises physiques pouvant se cacher derrière ces manifestations. Les rythmies nocturnes peuvent par exemple camoufler la douleur que ressent un enfant souffrant d'une migraine ou d'une otite. Si le cognement continue après 3 ou 4 ans ou s'il revient après plusieurs mois d'accalmie, le parent doit s'interroger sur la présence d'éventuels facteurs de stress familiaux et sur la possibilité que l'enfant recherche de l'attention ou se sente seul... Dans ce cas, il est essentiel de consulter un médecin.

Aussi, on retrouve fréquemment ces manifestations chez les enfants atteints d'épilepsie (encéphalopathies) ainsi que chez certains autistes et déficients intellectuels.

Problèmes de rythmes circadiens

Phases de sommeil devancées

La plupart du temps, les bébés se lèvent tôt (trop tôt selon leurs parents!). Certains parents voudraient que leur bébé s'endorme et se réveille tard, alors que d'autres disent ne pas avoir de soirées à eux parce que leur bébé s'endort vers 22 ou 23 heures. Plus l'enfant vieillit, plus il est difficile de changer ses heures d'endormissement et de réveil. Il est donc important de mettre en place de bonnes habitudes de sommeil et un horaire régulier. Plus l'horaire est établi rapidement, plus le bébé aura de la facilité à le respecter.

Contrairement à la croyance populaire, il ne faut pas coucher le bébé plus tard le soir en espérant retarder l'heure de son lever. En effet, malgré un coucher retardé, la majorité des enfants se réveillent à la même heure que d'habitude; de plus, il y aura un manque de sommeil et l'enfant aura tendance à être plus maussade.

Il est plutôt conseillé de retarder progressivement l'heure du coucher de 10 à 15 minutes par soir en espérant que l'enfant se réveille plus tard au fil des jours… même si l'horloge biologique semble généralement avoir le dessus et que les lève-tôt restent souvent des lève-tôt (du moins jusqu'à l'adolescence!).

Il est parfois sage de coucher le tout petit bébé (4 à 6 mois) plus tôt le soir pour espérer qu'il dorme plus tard le matin , surtout lorsqu'il est en train d'apprendre à s'endormir seul. Ce changement peut se faire de façon graduelle en le couchant de 5-10 minutes plus tôt chaque soir. Plus un bébé apprend à bien dormir, plus il veut dormir.

Phases de sommeil retardées

Le syndrome de retard de phase de sommeil est particulièrement fréquent chez les adolescents. On estime que 10 à 30 % d'entre eux en souffrent. Les besoins de sommeil de l'adolescent, s'ils peuvent varier, sont généralement semblables à ceux de l'adulte (huit à neuf heures par nuit). Une tendance naturelle (retard de deux heures de la sécrétion de l'hormone de croissance) et sociale empêche cependant les adolescents de conserver de bonnes habitudes de sommeil. En fait, des facteurs environnementaux (ordinateur, consommation d'alcool et de café, emploi, école et devoirs, vie sociale) compromettent souvent le développement de bonnes habitudes de sommeil. L'adolescent qui se couche tard la fin de semaine a tendance à se lever plus tard le matin, ce qui entraîne progressivement un retard dans ses phases de sommeil. Cela peut en outre entrer en conflit avec la routine de la semaine (supplice du lundi matin ou accroissement de la fatigue au cours de la journée) et provoquer des difficultés scolaires (manque d'assiduité, problèmes de rendement scolaire).

Il peut aussi arriver que des problèmes familiaux ou sociaux provoquent de l'anxiété. Celle-ci peut interférer avec l'endormissement et provoquer des problèmes d'insomnie. Il ne faut pas hésiter à demander une aide psychologique pour éviter que le problème ne s'aggrave.

Le parent doit fixer des limites de manière à ce que l'adolescent développe une hygiène de vie lui permettant de mener à bien toutes ses activités. Dans le cas contraire, il aura beaucoup de difficulté à faire ce que les parents et l'école attendent de lui. Il faut lui demander d'éviter trop de stimuli avant d'aller se coucher et lui proposer de se prévoir une période de relaxation pour se préparer au sommeil. On peut par exemple lui suggérer de se coucher à une heure raisonnable, de limiter l'écoute de la télévision et l'utilisation de l'ordinateur une heure avant le coucher et de ne pas prendre de boissons caféinées ou alcoolisées plusieurs heures avant d'aller au lit. On peut également lui recommander de prendre un bain ou une douche et de prévoir une période de calme (lecture, musique relaxante, respiration contrôlée, yoga) avant de se coucher (voir la section *En résumé*, à la page 106).

Modifier l'horloge biologique demande du temps. Afin de devancer l'heure d'endormissement de l'enfant ou de l'adolescent (et de faciliter le réveil matinal), on peut avancer l'heure du coucher de 10 à 15 minutes tous les deux ou trois soirs jusqu'à obtenir l'heure souhaitée. Cette méthode permet d'ajuster graduellement l'horloge interne et de faciliter l'endormissement. Il peut être utile de donner à l'adolescent des suppléments de mélatonine (voir la section *Moyens complémentaires*, à la page 96). Avec le temps, l'horloge interne s'ajustera à l'heure de coucher souhaitée et l'adolescent pourra cesser de prendre les suppléments. Cette méthode permet aussi d'éviter d'augmenter son anxiété et sa peur de ne pas pouvoir s'endormir. Le parent peut encourager l'enfant à rester dans son lit pendant au moins 20 minutes pour essayer de s'endormir. S'il ne s'endort pas au bout de 20 minutes, par contre, il est préférable qu'il lise, qu'il écoute de la musique ou qu'il fasse une séance de relaxation, hors des son lit. Il est toutefois fortement déconseillé de le laisser se promener dans la maison. Il faut en outre l'empêcher de faire la sieste en rentrant de l'école, car cela compromet l'endormissement le soir venu. On recommande évidemment de conserver un horaire de sommeil le plus semblable possible la fin de semaine.

On peut faciliter l'endormissement en évitant l'exposition à une forte lumière au cours de la soirée. La lumière bleue projetée par les écrans de télévision, les ordinateurs, les tablettes numériques et les téléphones intelligents devrait être évitée au moins une heure avant le coucher. Il est en outre plus difficile de coucher les enfants l'été, puisque le soleil se couche plus tard et que la stimulation lumineuse interfère avec l'horloge biologique.

Enfin, on remarque fréquemment la présence de troubles du rythme circadien (organisation du sommeil) chez les enfants atteints de syndromes neurologiques. Il pourrait être intéressant d'envisager la luminothérapie[1].

---

1. Augmentation de l'exposition à la lumière le matin au lever, non traité ici car très difficile à utiliser chez les enfants.

Marie-Lou ·················· ···

Marie-Lou a 11 ½ ans. Depuis six mois, elle se réveille la nuit et ne réussit pas à se rendormir. Elle réveille ses parents pour obtenir du réconfort. Elle essaie parfois de lire lorsqu'elle ne réussit pas à se rendormir rapidement. Ses parents sont fatigués et ne savent pas comment corriger la situation. Encore une fois, le rituel du coucher est très important. Marie-Lou prend un bain assez tôt dans la soirée, lit des revues et s'endort vers 21 heures. Elle écoute la télévision pendant la soirée. Marie-Lou parle beaucoup de sa peur de se réveiller et de ne pas réussir à se rendormir... Elle se réveille toutes les nuits, sauf lorsqu'elle est en vacances et qu'elle dort dans la même chambre que ses parents. Le père croit que cette situation a été provoquée par un cauchemar. Il y a quelque temps, Marie-Lou s'est précipitée dans la chambre de ses parents en hurlant, toute tremblante. Elle a fini par dormir avec eux parce qu'elle n'arrivait pas à se calmer. Marie-Lou n'a pas encore ses règles, mais son corps a changé depuis quelques mois : les jeunes adolescents qui se transforment traversent souvent des périodes d'anxiété. La perte de contrôle qu'elle a ressentie après son cauchemar (facteur précipitant) a augmenté son insécurité.

Solutions proposées

▶ Éviter la télévision le soir ou au moins une heure avant le coucher.

▶ Faire prendre le bain ou la douche juste avant le coucher.

▶ Éviter certaines lectures qui pourraient enflammer l'imagination.

▶ Donner à l'enfant 3 mg de mélatonine (dose initiale) une heure avant l'heure prévue du coucher.

▶ Pratiquer une forme de détente (respirations profondes et contrôlées, contractions musculaires, musique douce) que l'enfant peut facilement reproduire lors des réveils nocturnes. Conseiller à l'enfant d'éviter de se lever la nuit (plus on fait d'activités, plus on risque de se réveiller réellement). On peut aussi favoriser la relaxation en pratiquant le yoga, par exemple.

▶ Donner à l'enfant des tisanes relaxantes ou des produits naturels qui aident à diminuer l'anxiété jusqu'à ce que la situation s'améliore.

▶ Si le facteur déclenchant semble être un cauchemar et que celui-ci s'est produit il y a longtemps, il est conseillé d'éviter d'en reparler, sauf si cela vient de l'enfant. Le cas échéant, le parent peut amener l'enfant à changer la fin de l'histoire pour qu'il en devienne le héros. Cela lui permettra de maîtriser la situation qui l'effraie (voir la section *Cauchemars*, à la page 116).

▪ Éviter de discuter de la peur de se réveiller pour
   ne pas renforcer l'anxiété avant de le coucher.

Même si Marie-Lou s'endort rapidement, ses difficultés à se rendormir peuvent venir des activités et des
émotions ressenties au cours de la journée et ressassées
en se couchant.

Les parents de Marie-Lou peuvent lui offrir de dormir avec l'oreiller de l'un d'eux, puisqu'elle semble être
réconfortée par leur présence. Ils doivent en outre créer
un environnement physique sécurisant (installer une
veilleuse, laisser la porte de la chambre ouverte, etc.).
Ils doivent cependant se montrer fermes et lui dire qu'ils
ne veulent plus se faire réveiller, qu'elle peut très bien
affronter la situation seule. Ils peuvent aussi utiliser le
renforcement positif (des récompenses, par exemple).
Les parents de Marie-Lou ont choisi de lui donner de
l'argent de poche pour l'encourager.

Au bout d'un mois, la situation s'était déjà améliorée. L'adolescente se réveille encore parfois aujourd'hui,
mais elle réussit à se rendormir sans demander l'aide de
ses parents. Il lui arrive aussi d'utiliser les respirations
de détente pour se rendormir et cela semble très bien
fonctionner.

Dans un cas comme celui-ci, il est indiqué de consulter
un spécialiste (psychologue, intervenant social, etc.) si on
ne constate pas d'amélioration dans les mois qui suivent.

Il est parfois difficile de faire adhérer un adolescent
à une routine et de le convaincre d'éviter la télévision

et l'ordinateur le soir. Il existe des sites Internet (voir la section *Ressources*, à la page 174) qui expliquent l'importance de ces points et donnent plusieurs informations théoriques aux enfants et aux adolescents.

Le syndrome des *jambes sans repos*

Ce syndrome se manifeste chez l'enfant et l'adulte par un inconfort et une envie intense de bouger les jambes lorsqu'elles sont au repos. Pendant la phase 1 (sommeil léger), on remarque des sursauts répétés des jambes pouvant se produire toutes les 5 à 90 secondes. Ces comportements sont surtout visibles chez les enfants très actifs ou souffrant de troubles de comportement, de TDAH (trouble du déficit de l'attention avec ou sans hyperactivité) ou d'autisme. Les enfants et leurs parents ne remarquent pas toujours ces manifestations. Elles affectent cependant la qualité du sommeil, car elles provoquent des réveils nocturnes brefs, mais fréquents. Il en résulte de la fatigue au lever, de la somnolence pendant la journée et parfois même des douleurs aux jambes. On retrouve souvent ces symptômes chez quelques membres d'une même famille.

Il ne faut pas confondre ce syndrome avec les sursauts de l'ensemble du corps que l'on remarque généralement pendant la phase d'endormissement.

Pour réduire ces manifestations, il faut amener l'enfant à acquérir de bonnes habitudes de sommeil et de détente. Il peut aussi contracter les muscles des jambes à quelques reprises avant de s'allonger pour dormir et se couvrir d'une couverture empesée (une catalogne, par exemple). Il est recommandé d'éviter les boissons contenant de la caféine, qui peuvent augmenter les symptômes. On peut aider l'enfant en lui offrant des produits naturels ou homéopathiques. Il arrive qu'on doive consulter un médecin, notamment lorsque cette situation entraîne des réveils fréquents. Cette agitation nocturne est généralement associée à un déficit dans la réserve de fer dans le sang, même si plusieurs maladies peuvent être en cause.

Il peut être souhaitable de combler le manque de fer avec un supplément pendant quelques semaines, même si l'anémie n'est pas à craindre. Il est recommandé de consulter votre médecin ou votre pharmacien. Il peut parfois être utile de procéder à une analyse de sommeil en laboratoire (PSG) pour le diagnostiquer. D'autres médicaments plus spécifiques sont parfois indiqués.

Difficultés de sommeil liées à des problèmes de santé ou à des troubles de développement

Poussées dentaires

Il arrive fréquemment que les enfants se réveillent la nuit parce qu'ils percent des dents. Les poussées dentaires peuvent en effet être très douloureuses. Il est évident que le parent doit répondre aux pleurs de son enfant lorsque ce dernier souffre d'une poussée dentaire. Plusieurs signes montrent la douleur que ressent l'enfant : il est maussade, il salive beaucoup, il porte les doigts ou des objets durs à sa bouche pour se soulager… Il est parfois nécessaire de donner des analgésiques aux enfants pour soulager leur douleur (acétaminophène, ibuprofène). Les produits naturels ou homéopathiques se révèlent également efficaces pour certains enfants.

Une poussée dentaire ne dure habituellement que quelques jours. L'enfant fait parfois de la fièvre lorsque la dent perce. Il est donc essentiel de le soulager au moment du coucher et lorsqu'il se réveille la nuit. Il n'est cependant pas nécessaire de le prendre dans votre lit, de le rendormir en le berçant ou de lui donner un biberon alors qu'il n'en prenait plus. Un enfant qui s'endort bien continuera à le faire même si la douleur le réveille. Il est important de le rassurer par votre présence tout en évitant de le rendre dépendant. Les comportements de sommeil devraient revenir à la normale après quelques jours. Si les réveils continuent après les poussées dentaires, le parent peut appliquer de nouveau les techniques suggérées pour montrer à l'enfant à se rendormir seul. Il est cependant recommandé de ne pas soumettre trop fréquemment les enfants aux techniques d'endormissement autonome, car ils y résisteront de plus en plus et il deviendra difficile d'obtenir de bons résultats. Il est donc préférable de maintenir les bonnes habitudes pour éviter une réapparition des problèmes.

Roxane ··

Roxane a 6 mois. Depuis l'âge de 4 mois, elle s'endort seule le soir et dort toute la nuit. Or, depuis une semaine, elle se réveille avec les poings dans la bouche. Sa mère croit que sa première dent va bientôt percer. Elle bave beaucoup et elle est plus maussade. Comme elle pleure souvent la nuit, sa mère la met au sein pour l'aider à se rendormir. Cette stratégie fonctionne bien et Roxane se rendort rapidement. Elle se réveille cependant de plus en plus souvent et sa mère est désemparée. Roxane continue en effet de se réveiller même si sa dent a percé et qu'elle n'est plus souffrante.

Au bout d'une semaine, Roxane boit trois fois par nuit. Vers 3 heures du matin, sa mère l'emmène dans son lit. Il arrive très souvent qu'un bébé qui perce des dents se réveille et pleure, surtout au moment où la dent perce la gencive, comme nous l'avons déjà mentionné. Il faut cependant éviter de redonner au bébé de mauvaises habitudes de sommeil. Le parent doit continuer de suivre une routine de coucher sans intervention extérieure. Il peut donner au bébé des antidouleurs en sirop ou des produits naturels (en vente libre) en suivant les posologies indiquées (les produits à longue action qui atténuent la douleur pendant la majeure partie de la nuit sont à privilégier). Si le bébé se réveille, il peut être nécessaire de le prendre dans ses bras, de le rassurer et de lui offrir un objet de réconfort. Il faut cependant éviter qu'il dépende de vos gestes pour se rendormir. Vous devrez, sinon, avoir de nouveau recours aux techniques de sevrage parental.

Rhumes, otites, asthme

Il arrive très fréquemment que l'on constate une réapparition des réveils de nuit chez les enfants malades. Les parents doivent soulager la toux, la congestion ou la fièvre, même la nuit. Il est important de créer un environnement favorable au sommeil (humidificateur, vaporisateur nasal, etc.). Le parent peut, selon l'âge de l'enfant, lui donner un décongestionnant, des analgésiques ou des antipyrétiques. Un enfant qui a acquis de bonnes habitudes de sommeil devrait généralement arriver à les maintenir lorsqu'il est malade. Il faut évidemment soigner l'enfant lorsqu'il se réveille la nuit, mais il faut aussi le laisser se rendormir seul. Le parent doit bien sûr lui accorder toute l'attention nécessaire si son état est critique (température élevée, problèmes respiratoires, etc.).

Il vaut mieux consulter un médecin si l'enfant semble avoir une otite ou si son état de santé est inquiétant. Ce dernier pourra l'examiner et lui prescrire les médicaments appropriés s'il le juge nécessaire.

Les pompes de *Ventolin*® ou de *Flovent*® utilisées par les enfants atteints d'asthme ont souvent un effet stimulant et peuvent ainsi nuire au sommeil. Le parent peut modifier l'horaire de la prise si l'enfant a plus de difficulté à s'endormir ou s'il a un sommeil plus difficile lorsqu'il prend ses médicaments. Il peut donner les pompes à l'heure du souper, par exemple, plutôt que juste avant le coucher. Il vaut mieux éviter de donner les pompes pendant la nuit, sauf si l'état de l'enfant n'est pas stable.

Il est important de discuter avec le médecin de l'enfant pour savoir comment agir dans toutes les situations. Il sera toujours possible de réutiliser les techniques pour reprendre de bonnes habitudes de sommeil si l'enfant recommence à se réveiller la nuit bien que son état se soit amélioré.

Coliques, reflux, intolérance au lait

Les bébés ayant des problèmes de coliques, de reflux ou d'intolérance au lait (ces trois problèmes sont souvent liés) passent beaucoup de temps dans les bras des parents et sont donc plus enclins à développer de mauvaises habitudes de sommeil. En effet, lorsque le bébé affecté par ces malaises se réveille au cours de la nuit, le parent a tendance à le prendre dans ses bras pour le soulager. Comme il arrive souvent qu'on ne découvre que tardivement la cause réelle des inconforts de l'enfant (surtout dans le cas du reflux et de l'intolérance au lait), ce dernier développe une dépendance à la présence parentale. Il ne réussit pas facilement à s'endormir parce qu'il a des maux de ventre, des crampes ou des douleurs œsophagiennes.

Ces douleurs peuvent souvent être soulagées par les vibrations et la chaleur. Le parent peut ainsi prendre l'enfant dans ses bras, le placer dans une balançoire ou l'amener faire une promenade en poussette ou en voiture. Ces actions aident le nourrisson à s'endormir, car elles lui procurent un réel soulagement. Les symptômes peuvent être plus fréquents la nuit, car la position horizontale du corps nuit à la vidange gastrique. Les retours acides dans la gorge peuvent donc être plus nombreux et irriter les muqueuses. Des douleurs acides provoquant parfois de la toux peuvent venir perturber le sommeil. Cette condition peut augmenter les risques d'infection des voies respiratoires.

Le parent peut surélever légèrement la tête de l'enfant pour aider à la vidange et réduire les retours gastriques. Cette méthode est plus facilement applicable chez le nourrisson, puisqu'il ne bouge pas encore beaucoup.

Le parent doit aussi prendre conscience du fait que l'enfant risque de développer des habitudes de dépendance, car les associations d'endormissement, multiples, sont liées à ses gestes. Si l'enfant boit la nuit, le lait reste plus longtemps dans l'estomac, car la digestion se fait au ralenti. Les malaises provoqués par le reflux sont donc susceptibles d'augmenter. Il est ainsi tout à fait indiqué de cesser les boires de nuit le plus tôt possible (on peut même devancer le boire du soir; voir l'exemple de *Lili*, à la page 141).

Les coliques sont fréquentes entre 2 et 4 mois. Il est important de chercher à déterminer ce qui aggrave les malaises du bébé, même si ces derniers sont normaux et passagers (ils se produisent le plus souvent en fin de journée). Les malaises se produisent souvent lorsque l'enfant avale de l'air lors des boires (on peut le remarquer lorsque du lait s'écoule de sa bouche) ou lorsqu'il a des boires très fréquents. Ces situations accentuent l'inconfort et peuvent entraîner une multiplication des réveils de nuit. Le bain ou l'application d'une source de chaleur sur le ventre peut soulager la douleur de l'enfant. Cela permet aussi de favoriser un bon rituel de sommeil.

Dans les périodes de douleurs aiguës, le parent peut coucher le bébé sur le ventre sur une couverture chaude (par exemple, une couverture en polar, qui restera chaude plus longtemps) et rester près de lui en le câlinant et en le berçant, pour éviter qu'il s'endorme dans ses bras. Le parent doit cependant s'assurer qu'il ne reste pas sur le ventre toute la nuit (DODO sur le dos). On peut aussi utiliser un sac magique comme source de chaleur ou recourir aux produits naturels ou aux médicaments disponibles sur le marché pour soulager les douleurs des bébés. Ils ne sont pas toujours très efficaces, mais il peut être bon de les essayer. Il est important de tout mettre en œuvre pour éviter les inconforts qui empêchent le bébé de dormir la nuit et ainsi prévenir le développement de mauvaises habitudes et l'apparition de problèmes de sommeil.

Lili

Lili a 6 mois. Son père la couche à 22 heures et elle se réveille trois fois par nuit pour boire. Sa mère l'amène alors dans son lit, car elle est épuisée. Pendant la journée, elle fait trois petites siestes d'une demi-heure. Elle s'endort dans les bras de sa mère. Lili a beaucoup pleuré dans ses premiers mois de vie : en effet, il a fallu quelques mois pour diagnostiquer un reflux, qui a été traité par des médicaments, ainsi qu'une intolérance aux protéines bovines. Elle a commencé à prendre du *Nutramigen* ® (lait sans protéine animale); sa mère a continué à l'allaiter en suivant, elle aussi, une diète sans lactose ni protéines bovines. On lui administre encore des médicaments antireflux. Elle pleure cependant beaucoup moins qu'avant.

Les parents de Lili ont récemment instauré le rituel suivant : allaitement-bain-biberon de *Nutramigen* ® donné par le père, qui se promène ensuite en sautillant avec Lili dans les bras jusqu'à ce qu'elle s'endorme. Lili dort maintenant dans sa chambre (elle dormait avec ses parents avant). Souvent, pour la calmer sans lui donner à boire, sa mère lui fait téter ses doigts… et cela fonctionne parfois. Lili doit apprendre à s'endormir seule et cesser de boire la nuit. De plus, son état de santé fait en sorte qu'elle aggrave ses malaises lorsqu'elle le fait.

On recommande de ne plus donner de lait à Lili avant le coucher et durant la nuit. Il faut ainsi la faire boire au moins une heure avant le coucher. Si elle continue malgré tout de se réveiller la nuit, on évaluera la possibilité de ne plus lui donner à boire le soir (le dernier boire sera alors donné avec le repas du soir). Le parent peut surélever légèrement la tête de lit, créer un bruit de fond dans la chambre et placer Lili dans une dormeuse pour le dodo. Les parents de Lili ont choisi de la faire boire une heure avant le coucher, puis de lui donner un bain. Ils ont utilisé la méthode du 5-10-15 en encourageant Lili à mettre son poing dans sa bouche (au lieu des doigts de maman). Ils ont aussi instauré des heures de siestes plus régulières (toutes les quatre heures) sans les faire coïncider avec les boires. Au bout d'une semaine, Lili dormait bien toute la nuit. Aujourd'hui, elle se réveille parfois, mais elle se rendort seule (sa maman entend un bruit de succion, ce qui laisse penser qu'elle met son poing dans la bouche pour se rendormir). Les siestes se sont stabilisées : elle fait deux siestes d'une heure et demie par jour. En évitant la sieste de 18 heures, sa maman a réussi à la coucher de plus en plus tôt, vers 20 heures. Elle a remarqué que Lili prenait de meilleurs repas dans la journée et qu'elle semblait très joviale (on peut se référer à l'exemple de Michael pour plus de précision).

Trouble du déficit de l'attention avec ou sans hyperactivité (TDAH)

Les enfants très actifs ou ceux qui sont aux prises avec un trouble du déficit de l'attention avec ou sans hyper-activité (TDAH) ont souvent des problèmes de sommeil (50 à 60 % des cas).

Ceux-ci se traduisent par :

- une résistance au coucher, la plupart du temps associée à l'attitude d'opposition qui caractérise ces enfants ;
- des problèmes d'endormissement ;
- de l'anxiété au coucher se manifestant par une peur du noir et de dormir seul ;
- un sommeil agité et des comportements de sommeil inhabituels (voir la section *Parasomnies*, à la page 109) ;
- des symptômes d'apnée du sommeil ;
- de l'énurésie nocturne ;
- une fatigue matinale qui nuit au fonctionnement quotidien.

Les psychostimulants (*Biphentin*®, *Concerta*®, etc.) peuvent avoir des effets secondaires qui viennent souvent aggraver les difficultés d'endormissement. La présence de tics ou un problème d'énurésie (pipi au lit la nuit), deux éléments souvent associés à ce trouble neurologique, ont un effet négatif empirant le problème. Dans ces cas, il est encore plus important d'établir une bonne hygiène de sommeil pour aider l'enfant à s'endormir. En outre, il faut parfois être très strict en ce qui concerne les stimuli : puisque ces enfants y sont plus sensibles, il est préférable qu'ils évitent de faire du sport, de boire des boissons gazeuses, d'écouter la télévision ou de jouer à des jeux vidéo avant le coucher. En réalité, tous les écrans LCD (téléviseurs, ordinateurs, tablettes numériques, téléphones intelligents, etc.) émettent une lumière qui altère la sécrétion de la mélatonine de l'organisme (20 %), retardant ainsi l'endormissement.

Il faut cependant tenir compte du fait que ces enfants ont parfois besoin de moins d'heures de sommeil que les autres.

Il est possible d'offrir à ces enfants des produits relaxants naturels ou homéopathiques et de leur proposer des méthodes de relaxation pour les aider à s'endormir et améliorer la qualité de leur sommeil. On peut également aider l'enfant à se détendre grâce à des moyens sensoriels, notamment en utilisant une couverture lourde (catalogne) ou en déposant un sac de sable sur son ventre (voir la section *Ressources*, à la page 171). Il peut cependant être nécessaire de discuter avec le médecin de la possibilité de changer l'heure de prise ou la sorte de psychostimulant sans diminuer l'efficacité du traitement. Le médicament pris le matin ou le midi n'est souvent plus aussi efficace en soirée, voire en fin de journée pour certains, ce qui entraîne fréquemment une accentuation des comportements problématiques en soirée. Cela peut nuire considérablement à la routine du coucher et à l'endormissement. Ce n'est donc pas l'effet du psychostimulant lui-même qui nuit au sommeil, mais la disparition de celui-ci ; le corps n'est pas du tout prêt à se coucher. Que peut-on proposer pour aider l'enfant ? Il importe tout d'abord de s'assurer de son état de santé. Ronfle-t-il ? Souffre-t-il d'agitation nocturne ? A-t-il un problème digestif ? Il se peut que ces malaises contribuent au problème d'endormissement et aux réveils de nuit. Le cas échéant, il faut consulter un médecin (voir la section portant sur l'apnée obstructive, à la page 120).

La routine de la soirée aussi ne pourrait-elle pas être un peu modifiée pour favoriser plus de calme avant le coucher ? Il importe de créer un environnement physique adéquat favorisant et maintenant ce calme tout au cours de la nuit.

Il pourrait aussi être judicieux d'éviter de le laisser boire après le souper, afin qu'il ne soit pas obligé de se lever pendant la nuit pour aller aux toilettes, et de lui laisser prendre un repas trop copieux ou contenant des substances stimulantes (voir page 55). Il peut cependant être utile de lui donner une collation consistante le soir (voir page 55), avant le bain, pour qu'il n'ait pas faim pendant la nuit. Plusieurs psychostimulants entraînent en effet une diminution de l'appétit pendant la journée, ce qui peut expliquer les fringales en soirée et même pendant la nuit

Il serait plus avisé de ne pas le laisser écouter la télévision au moins une heure avant le coucher, voire pendant toute la soirée jusqu'à ce que la situation s'améliore. Peut-être devrait-il aussi prendre son bain ou sa douche juste avant le coucher?

Certains enfants sont très sensibles aux changements d'environnements et d'activités. Il vaut mieux, dans ce cas, que l'enfant aille directement dans sa chambre après le bain et qu'il y reste jusqu'au coucher. Il peut lire ou échanger calmement avec son père ou sa mère pendant quelques minutes. Il est finalement important de déterminer si 19 h 30 est une heure de coucher appropriée: ces enfants sont généralement des petits dormeurs ou des couche-tard. Le parent pourrait s'éviter bien des crises simplement en retardant l'heure du coucher (il peut vérifier s'il s'endort mieux la fin de semaine lorsqu'il se couche plus tard). Le parent peut également proposer une détente lorsque l'enfant est dans son lit, lui faire écouter une musique calme (bruits de vague et de vent) ou utiliser une méthode de relaxation comme les respirations contrôlées avec contractions musculaires (voir page 132).

Il est important de favoriser un environnement de sommeil stable afin d'associer la chambre au sommeil et de faciliter l'endormissement en laissant les soucis à l'extérieur de la chambre. Une lumière tamisée et un bruit de fond peuvent faciliter l'endormissement. Un lit placé le long du mur peut aussi être rassurant.

Au début, il est souvent nécessaire que le parent accompagne l'enfant dans l'application des nouvelles activités pour s'assurer que le tout est bien fait. Il ne faut pas éterniser le processus non plus. Il est raisonnable d'y consacrer environ 15 minutes.

On peut utiliser des produits homéopathiques ou naturels, notamment la mélatonine, pour faciliter le processus. L'enfant aura ainsi l'impression que ses efforts portent leurs fruits. Il est peut-être préférable de lui dire, par exemple, que les comprimés qu'il prend sont des vitamines. L'enfant risque, sinon, d'attribuer le succès de sa démarche à la prise du produit naturel ou homéopathique alors que le succès réside dans l'ensemble des modifications apportées au rituel. Il est aussi important d'encourager l'enfant dans ces changements, de lui rappeler combien on est fier de ses efforts et de souligner ses progrès au fur et à mesure. Les méthodes du calendrier et du ticket modérateur peuvent être utiles dans ce contexte. On peut s'attendre à une amélioration de la situation dans un délai allant de deux semaines à un mois.

Mathieu ···

Mathieu, 7 ans, est en deuxième année. Il prend du
Rilatin® (5 mg) deux fois par jour. Il a toujours eu de
la difficulté à s'endormir. Il lui faut parfois jusqu'à une
heure avant d'y arriver. Il écoute souvent une émission
de télévision calme avant de se coucher, vers 19 h 30.
Il joue au soccer deux soirs par semaine. Ses parents
précisent qu'il n'a jamais bien dormi et que son sommeil
a toujours été agité. Ses couvertures se retrouvent
souvent par terre au pied du lit !

Plusieurs facteurs peuvent interférer avec le sommeil.
On peut en effet se poser quelques questions : l'arrêt
de l'effet calmant du *Rilatin*® nuit-il à son endormissement ? S'endort-il mieux lorsqu'il n'en prend pas ? Ou
lorsqu'il se couche plus tard ? Comment s'endort-il les
soirs où il joue au soccer ? Est-ce différent des autres
soirs ? Y a-t-il des moments où il s'endort plus facilement
(la fin de semaine ou encore pendant les vacances) ?

Observons maintenant le rituel de la soirée et la routine du coucher de Mathieu. Lorsqu'il n'a pas d'activité
particulière, Mathieu prend son bain après le souper,
joue calmement et prend une collation en regardant
la télévision pendant une trentaine de minutes. Il se
brosse ensuite les dents et va dans son lit. Il dort la
porte ouverte, avec une veilleuse et son petit toutou
Pollux qu'il a depuis qu'il est tout petit. À partir de ce
moment, il se tourne et se retourne dans son lit, appelle
ses parents ou se lève pour boire de l'eau, aller faire
pipi, bref, pour toutes sortes de raisons. Le manège
dure généralement jusqu'à ce que son père se fâche et

que cela finisse en crise de larmes. Il finit par se calmer et s'endort vers 21 heures, voire 22 heures. Il se lève une ou deux fois par nuit pour aller aux toilettes ou, à l'occasion, pour aller rejoindre ses parents, qui le renvoient immédiatement dans son lit. Il arrive parfois à dormir toute la nuit sans se réveiller. Il se lève généralement vers 6 heures, prêt à entreprendre sa journée.

....

Solutions proposées

Des modifications à la routine ont été recommandées aux parents de Mathieu (éliminer la télévision juste avant le coucher, donner le bain plus tard, etc.). Ils peuvent aussi lui donner de la mélatonine (3 mg pour débuter) 30 minutes avant le coucher. On suggère aussi d'éviter les livres d'aventures qui le maintiennent éveillé trop longtemps le soir et de le couvrir d'une couverture lourde de type catalogne ou courtepointe. Comme il s'endort plus rapidement la fin de semaine, vers 21 heures, sa mère a décidé de retarder le coucher à 20 h 30 la semaine. Ses parents l'encouragent aussi à consulter le site Internet sur le sommeil (voir la section *Ressources*, à la page 171) pour mieux comprendre ces démarches.

Une visite médicale a permis de vérifier s'il présentait des problèmes respiratoires et un prélèvement sanguin a confirmé un faible taux de ferritine. Pendant quelques semaines, des suppléments de fer lui seront administrés tous les matins avec son jus d'orange (le jus d'orange facilite l'absorption du fer).

Résultat

La situation s'est améliorée dans le mois suivant. Mathieu s'endort plus rapidement. Il se sent mieux, il est plus reposé et il sent que ça va mieux à l'école.

Plusieurs spécialistes établissent un lien direct entre la mauvaise qualité du sommeil, les problèmes d'humeur et les comportements inadéquats. Le traitement des problématiques de sommeil permet souvent d'améliorer les symptômes du TDAH et les troubles scolaires ou d'apprentissage. Les problèmes de sommeil semblent en outre aggraver les symptômes chez les enfants ayant un diagnostic de TDAH.

Épilepsie frontale et myoclonies

L'épilepsie frontale et les myoclonies sont des manifestations qui peuvent survenir jusqu'à 10 fois au cours d'une même nuit. L'enfant sursaute violemment, fait des mouvements brusques, tremble, crie ou pleure. Les épisodes rappellent les terreurs nocturnes, mais, contrairement à ces dernières, ils se produisent tout au long de la nuit et pas seulement au début. Ils surviennent plus souvent, parfois même quotidiennement. On remarque ces épisodes à partir de 4 ou 5 ans. Il arrive qu'on les confonde avec les rythmies nocturnes (ces dernières se manifestent cependant plus souvent pendant l'endormissement). L'épilepsie frontale et les myoclonies provoquent généralement des tics, de la fatigue et des changements de comportement au cours de la journée et entraînent parfois des retards de développement lorsque les manifestations se produisent pendant une longue période. On constate souvent ces anomalies chez les enfants souffrant d'atteintes neurologiques, notamment les retards de développement et l'autisme. Il ne faut pas non plus confondre ces manifestations avec le syndrome des jambes sans repos ou les parasomnies. Il est essentiel de consulter un médecin afin d'obtenir un diagnostic précis. Après certains examens (PSG ou électroencéphalogramme pendant le sommeil), celui-ci pourra prescrire la médication nécessaire si le diagnostic se confirme. Il est possible qu'un traitement anticonvulsivant soit indiqué pour améliorer la qualité du sommeil. Il est aussi important de maintenir une hygiène et un horaire de sommeil stable et adéquat, puisque le manque de sommeil peut entraîner une augmentation de ces manifestations.

Atteintes neurologiques (encéphalopathie, épilepsie, troubles envahissants du développement, autisme, syndromes génétiques)

Il existe une forte corrélation entre les troubles neurologiques et les difficultés de sommeil. Selon de nombreuses études, 50 à 80 % des enfants ayant des atteintes neurologiques souffrent de problèmes de sommeil. Les parents peuvent en outre avoir de la difficulté à appliquer les mesures habituelles étant donné la lourdeur de certains handicaps. Malheureusement, les problèmes de sommeil ne sont généralement pas considérés comme des priorités, même s'ils ont souvent de lourdes conséquences sur le fonctionnement quotidien de ces enfants.

Le cerveau joue un rôle majeur dans la régulation du sommeil; une dysfonction cérébrale et un retard de maturation du système de régulation sommeil-éveil seraient ainsi responsables des problèmes de sommeil de ces enfants. On constate aussi souvent des problèmes de rythmes circadiens et un manque de sensibilité aux stimuli extérieurs, ce qui explique que leur horloge biologique est moins bien définie. De plus, comme ces enfants ont souvent des problèmes de perception, de compréhension des attentes d'autrui et de perception de la notion du temps, on peut voit surgir des problèmes qui se traduisent par des périodes d'éveils prolongés (entre une et quelques heures par nuit), amener des réveils hâtifs, un retard d'endormissement initial ou des difficultés à dormir à des heures appropriées. L'organisation du sommeil est altérée de façon variable selon le degré d'atteinte neurologique. Certains syndromes provoquent en outre une sécrétion inappropriée de mélatonine, entraînant parfois une inversion du rythme circadien (dormir plus le jour que la nuit) et de la somnolence en journée. D'autres syndromes, comme la trisomie 21, sont associés à l'apnée du sommeil. La cécité est quant à elle à l'origine de troubles du rythme circadien.

Comme nous l'avons déjà mentionné, les malaises physiques peuvent aussi nuire au sommeil (sans oublier les problèmes associés aux atteintes neurologiques elles-mêmes). Les enfants souffrant d'atteintes neurologiques sont souvent aux prises avec des malaises pouvant perturber leur sommeil (rhume, apnée, reflux gastro-œsophagien, constipation, agitation nocturne, douleur, etc.) et ils ont de la difficulté à exprimer leur inconfort. Ils sont aussi plus à risque d'activité épileptique nocturne, ce qui compromet le maintien d'un bon sommeil. L'anxiété, souvent présente chez ces patients, est un autre facteur qui joue sur l'endormissement et les éveils nocturnes.

Les suppléments de mélatonine sont souvent recommandés pour réorganiser les cycles éveil-sommeil. Ils peuvent permettre de faciliter l'endormissement à des heures plus appropriées, stabiliser la période de sommeil et rendre le sommeil plus profond et moins perturbé. De plus en plus d'études démontrent l'efficacité des suppléments de mélatonine. La situation problématique s'améliore généralement rapidement lorsqu'ils sont utilisés en combinaison avec d'autres stratégies, notamment le renforcement des rituels de coucher et l'approche sensorielle.

Il est aussi favorable de renforcer les routines de sommeil en tenant compte du niveau de compréhension de l'enfant. On peut utiliser des pictogrammes (tableaux imagés des activités quotidiennes) pour l'aider à mieux comprendre les activités qui précèdent l'heure du coucher. Il faut être très rigoureux en ce qui concerne les routines et les heures de coucher pour faciliter l'intégration des rythmes circadiens. Il faut également éviter que l'enfant s'endorme n'importe où et à n'importe quelle heure de la journée. L'horaire des siestes est important pour ne pas compromettre l'endormissement le soir venu ;

s'il se lève trop tard en fin d'après-midi, il peut avoir plus de difficulté à s'endormir le soir. Plus le parent sera rigoureux dans l'horaire d'alternance sommeil-éveil, plus l'horloge interne de l'enfant s'en trouvera consolidée.

Voici quelques solutions pour améliorer le sommeil de l'enfant autiste et/ou atteint de troubles neurologiques.

L'environnement

1. Créer un environnement familier, sombre et frais (température inférieure à 20 degrés Celsius).

2. Installer une veilleuse de moins de 15 watts d'une couleur autre que bleu.

3. Disposer le lit le long du mur ou dans un coin de la chambre.

4. Installer un oreiller de corps le long du mur pour permettre un contact physique rassurant.

5. Couvrir l'enfant d'une couverture lourde comme une catalogne ou une couverture tissée (pouvant peser jusqu'à 3 kg) ou déposer un sac de sable sur lui pour l'aider à se calmer, augmenter le contact physique de son corps avec le matelas et limiter les mouvements pouvant nuire au sommeil.

6. Permettre à l'enfant de prendre avec lui un objet (utilisé dans le lit seulement) pour remplacer la présence parentale.

7. Utiliser un pictogramme (photo de lune, illustration jour-nuit par une horloge Gro-Clock®) lui indiquant que c'est la nuit lorsqu'il se met au lit

et le retirer au lever le matin pour montrer que la journée commence. En cas de réveil nocturne, le parent peut pointer le pictogramme pour rappeler à l'enfant que c'est encore la nuit.

8. Maintenir la porte fermée (demi-porte ou barrière) pour réduire les stimulations pouvant nuire au sommeil.

9. Créer un bruit de fond afin de réduire le dérangement causé par les bruits extérieurs.

10. Limiter le temps de sieste pour ne pas interférer avec l'endormissement et consolider le sommeil nocturne.

Idéalement, la chambre doit être exclusivement réservée au sommeil. L'enfant comprendra plus facilement qu'il s'y installe pour dormir toute la nuit. Il faut ranger les jouets et les devoirs non terminés et éviter d'y mettre un téléviseur (ou tout autre écran) afin de l'aider à ne pas confondre les activités diurnes et les activités nocturnes.

La routine du coucher peut se terminer par un moment de détente. Le parent peut, par exemple, appliquer des pressions profondes soutenues sur les mains et les pieds pendant quelques secondes. L'enfant plus vieux peut serrer une balle avec les mains et soulever les jambes en pointant les orteils pendant quelques secondes... Il n'aura ensuite à faire que peu d'effort pour plonger dans le pays des rêves !

Christopher ···

Christopher, 5 ans, est atteint d'un trouble du spectre de l'autisme (trouble envahissant du développement, TED). Il se couche à 19 heures, mais ne s'endort que vers 22 heures, souvent avec un biberon. Il se réveille vers 2 ou 3 heures du matin. Il semble en forme : il chante, joue dans sa chambre... et réveille toute la maisonnée. Malgré l'intervention de ses parents, qui veulent le recoucher, il met 2 à 3 heures à se rendormir, même si, à l'occasion, son père se couche avec lui, l'empêchant ainsi de se lever et de jouer. Toute la famille est fatiguée et personne ne semble avoir de solution. Les nuits sont problématiques depuis longtemps déjà, mais la situation semble avoir empiré depuis le changement d'heure du printemps.

Observons la routine du coucher : Christopher joue un peu aux autos, prend son bain et devient ensuite très excité, refusant d'aller se coucher. Vers 21 h 30, ses parents lui donnent un biberon qu'il prend devant la télévision. Il ne semble pas y avoir d'autres moyens de le calmer. Ses parents l'accompagnent ensuite vers son lit. Il va au lit avec un toutou et la porte de la chambre reste ouverte. Il n'y a pas de toile opaque aux fenêtres et il fait donc assez clair dans sa chambre. Il dort parfois toute la nuit, surtout lorsqu'il ne fait pas de sieste le jour ou lorsqu'il va à l'école. Actuellement, il se réveille à 2 heures du matin et met parfois jusqu'à deux heures pour se rendormir. Il se lève et se promène. Même lorsque son père va se coucher avec lui, il finit par s'endormir vers 4 heures du matin et il reprend un biberon d'eau lors de son réveil. Il termine sa nuit vers 8 heures, sauf pendant la période scolaire, car sa mère doit le réveiller à 6 h 30. Il a alors tendance à faire des crises au lever qui se répètent au cours de la journée.

Solutions proposées

Le pédiatre de Christopher lui a prescrit du *Risperdal®* pour réduire la fréquence des crises. Voyons les autres solutions possibles :

Les repères de temps doivent être très forts et facilement identifiables pour tous les enfants souffrant d'atteintes neurologiques. Un bon rituel doit ainsi être mis en place (à l'aide de pictogrammes, par exemple) et répété chaque soir. Il est en outre recommandé d'arrêter la sieste, sachant que Christopher a 5 ans et qu'il s'endort plus facilement le soir s'il ne dort pas le jour. Les activités précédant le bain devraient être calmes. Christopher devrait ensuite rester dans sa chambre avec son père ou sa mère et regarder un livre ou faire rouler sa voiture dans son lit. Il est suggéré de ne pas trop parler ou faire des comptines amusantes avec lui. Puisqu'il a toujours une petite voiture à la main, il devrait en apporter une dans son lit comme objet de transition. Christopher boit maintenant son lait dans un verre avec une paille en caoutchouc (qui ressemble à la tétine d'un biberon) et garde son verre vide dans son lit comme toutou. Ses parents laissent un verre d'eau sur sa table de chevet pendant la nuit. Un ventilateur a été installé dans un coin de sa chambre et est mis en marche dès qu'il y entre.

Une fois que Christopher est installé dans son lit, sa mère applique des pressions profondes sur ses membres. Il devient alors beaucoup plus calme et détendu. Sa mère le couvre ensuite d'une couverture lourde qu'il tire sur ses épaules, ce qui semble réduire son agitation et l'inciter à rester au lit.

Sa mère le couche vers 21 heures. Elle a calfeutré la fenêtre de la chambre afin qu'aucune lumière ne puisse entrer le matin et ferme la porte en sortant. Une veilleuse indirecte (installée derrière le bureau) reste allumée toute la nuit. Elle lui donne aussi de la mélatonine, selon les conseils de son pédiatre, en plus du *Risperdal®*.

Résultat

Dans les semaines qui ont suivi, Christopher a progressivement appris à s'endormir sans biberon. Il se relève de moins en moins souvent et les réveils au cours de la nuit sont moins fréquents. Les doses de mélatonine ont été modifiées : au début, sa mère devait lui donner 1,5 mg supplémentaire lorsqu'il se réveillait la nuit et appliquer sur son corps quelques pressions profondes. Graduellement, il s'est rendormi plus rapidement. S'il se réveillait, il buvait un peu d'eau. Avec le temps, les réveils ont presque cessé.

Les études démontrent que de la résolution des troubles de sommeil des enfants permet de diminuer le stress des parents et d'améliorer leur sommeil. Ils ont alors davantage confiance en leur compétence parentale et font plus facilement face aux comportements difficiles de l'enfant pendant la journée.

Anxiété

L'anxiété affecte plusieurs aspects de notre fonctionnement, et notamment le sommeil. Il s'agit d'une comorbidité de plusieurs atteintes neurologiques, notamment l'autisme et le trouble du déficit de l'attention avec ou sans hyperactivité (TDAH).

L'anxiété de séparation est une manifestation courante chez les jeunes enfants et elle est généralement transitoire. Certains enfants manifestent des symptômes dans leur sommeil tout au long de leur vie lorsque des événements particuliers se produisent, notamment l'entrée à l'école, la maladie ou le décès d'un proche, la séparation des parents (voir la section *Facteurs psychologiques*, à la page 40). C'est souvent leur façon de réagir aux changements. Il n'est pas rare de voir alors resurgir des problèmes comme la résistance au coucher et les réveils nocturnes. Les jeunes enfants refusent souvent de se séparer des parents; les plus vieux ont quant à eux des ruminations et des pensées inquiétantes qui se manifestent généralement au moment du coucher et prennent souvent des proportions démesurées. C'est le moyen qu'ils ont trouvé pour faire face aux situations stressantes. Ces réactions sont généralement transitoires et disparaissent en quelques semaines. Les parents doivent faire attention de ne pas renforcer un comportement qui pourrait devenir problématique (dormir dans le lit de l'enfant ou l'amener dans le lit des parents). Il est important de maintenir une bonne routine et d'aider l'enfant à développer des comportements et des stratégies sans tout faire à sa place.

Il peut, par exemple, faire des exercices de relaxation ou écrire les pensées qui le préoccupent.

L'enfant qui ressent des inquiétudes peut en discuter avec un parent ou un ami ou écrire dans son journal (après le souper, mais bien avant le coucher) pour se libérer l'esprit. L'enfant plus vieux peut se lever s'il ne réussit pas à s'endormir dans les 20 à 30 premières minutes. Il peut lire une revue, dessiner ou écrire dans son journal intime pour mieux relaxer et se recoucher plus paisiblement 20 à 30 minutes plus tard. Il faut évidemment tenir compte de l'âge de l'enfant et s'assurer qu'il comprend bien les interventions proposées.

Les peurs nocturnes sont une manifestation normale chez les 3 à 6 ans, mais l'anxiété vient souvent les exacerber. Ces peurs se traduisent aussi par une résistance au coucher et des réveils nocturnes. Pour la plupart d'entre eux, la peur peut être contrôlée par l'adoption d'une routine stable (voir la section *Le coucher*, à la page 45) et l'utilisation du renforcement positif et de la relaxation (voir la section *Les cauchemars*, à la page 116).

L'anxiété peut aussi se manifester par du bruxisme, des parasomnies et de l'agitation nocturne (syndrome des jambes sans repos).

Dans tous les cas, il est important de cerner la source de l'anxiété et d'aider l'enfant à développer des stratégies appropriées. Si le problème persiste après quelques semaines d'interventions appropriées, il peut être indiqué de consulter un professionnel qualifié (médecin, psychologue, éducateur, etc.).

Le sommeil et les bébés prématurés ou ayant un tempérament difficile

Comme nous l'avons vu, les cycles de sommeil commencent à se développer *in utero*. On peut donc s'attendre à ce que le bébé prématuré puisse bien dormir lui aussi. Dans les faits, les bébés prématurés ont à peine plus de problèmes de sommeil que les bébés nés à terme. Les cycles de sommeil commencent à se régulariser environ un mois après le retour à la maison (à la suite de l'hospitalisation nécessaire à la naissance), lorsque les parents ont établi une routine de boires, de sommeil, etc. (voir la figure 2 – *Donneurs de temps, Zeitgebers,* à la page 27).

Ce qui est particulier dans le cas de ces bébés, c'est l'inquiétude des parents et leur tendance à les surprotéger, à répondre aux moindres pleurs et à les prendre dans leurs bras régulièrement pour les rassurer. Ils veulent en outre que leur enfant prenne du poids rapidement. Or, pour toutes ces raisons, les parents des bébés prématurés créent souvent de mauvaises habitudes de sommeil.

De plus, ces enfants ont souvent de forts tempéraments et des réflexes très vifs qui les font se cambrer vers l'arrière. De ce fait, ils ne sont pas facilement détendus et sont plus souvent surexcités.

On peut cependant éviter ces problèmes si on agit rapidement. Vers 4 à 6 mois d'âge corrigé (l'âge qu'il aurait s'il était né à terme), le bébé prématuré a généralement la maturité neurologique nécessaire pour dormir toute la nuit, comme les bébés nés à terme. Il faut également savoir que les enfants qui ont des difficultés d'autorégulation, d'autocontrôle (en ce qui concerne la faim, le sommeil, le besoin de se faire consoler, etc.) sont plus irritables, ce qui nuit à l'introduction de bonnes habitudes de sommeil. L'horaire des boires et des siestes devrait devenir plus régulier. Les parents doivent dès lors aider leur enfant en instaurant une routine. L'allaitement à la demande peut souvent nuire à l'acquisition des cycles de sommeil. On recommande de donner les boires à des intervalles de trois ou quatre heures en fonction de la quantité bue:

▶ Le bébé doit boire toutes les trois heures s'il ne boit que 60 mL, y compris la nuit.

▶ Le bébé peut progressivement boire toutes les trois ou quatre heures et sauter le premier boire de nuit s'il boit entre 60 et 75 mL.

▶ Le bébé peut boire toutes les quatre heures et sauter un deuxième boire de nuit s'il boit entre 75 et 90 mL.

▶ Le bébé peut dormir toute la nuit s'il boit 90 mL et plus. Il est cependant important de le faire boire régulièrement le jour (toutes les quatre heures au moins) et d'éviter de le réveiller pour le faire boire la nuit. On peut aussi le faire patienter avec un peu d'eau pour régulariser les intervalles des boires. Les bébés qui boivent trop fréquemment ont de la difficulté à intégrer les rythmes de la journée, c'est-à-dire à boire et à dormir en alternance. Si les boires sont trop rapprochés, cela peut nuire à l'organisation des cycles de sommeil. Le parent doit établir une routine de coucher et des rituels qui permettent au bébé d'apprendre à s'endormir seul. Il doit aussi l'aider à développer des moyens pour se consoler par lui-même en l'encourageant, par exemple, à téter son poing ou à serrer une couverture. Il faut cependant aider le bébé prématuré à se consoler lors d'une crise en soutenant sa tête et ses fesses et en le balançant de droite à gauche jusqu'à ce qu'il se calme (sans le prendre dans ses bras) ou encore en exerçant une pression soutenue et intermittente sur sa poitrine pour augmenter le contact avec le matelas. Naturellement, le bébé ramènera ses membres vers son corps, ce qui lui permettra de mieux se calmer. Le parent peut aussi se procurer une dormeuse ou un petit sac de sable (approprié pour nourrisson) et une couverture lourde dans une boutique spécialisée (voir la section *Ressources*, à la page 171). Ces trucs conviennent aussi à certains bébés et aux jeunes enfants qui ont de forts tempéraments et qui ont de la difficulté à se calmer une fois en crise. Le parent peut calmer l'enfant en le prenant dans ses bras et en appliquant une pression sur tout le corps jusqu'à ce que les pleurs diminuent. Il doit cependant ensuite le remettre dans son lit alors qu'il est encore éveillé.

Lorsque les siestes dans le lit sont difficiles, le parent peut calmer le bébé dans ses bras et le déposer ensuite dans son lit... S'il ne peut pas dormir, il est préférable de le mettre dans la poussette ou la balançoire aux heures prévues de sieste. Graduellement, il apprendra à ne plus avoir besoin d'être dans les bras pour dormir.

Le parent peut aussi poursuivre une sieste trop courte (après 30 minutes, par exemple) dans la poussette pour consolider l'horaire.

Il est important de ne pas renforcer les réflexes qui sont déjà très forts et de favoriser la position fœtale (membres repliés vers l'abdomen, la tête bien soutenue), et ce, même lorsque vous vous déplacez en le tenant dans vos bras.

Il est normal que le bébé demande plus d'aide lorsqu'il est petit et que sa santé est encore instable (moniteur, oxygène, reflux, coliques, etc.). Le parent pourra cependant commencer à l'encourager à s'endormir seul dès que son état de santé sera plus stable. La technique de la chaise combinée est recommandée pour cette situation (voir la page 65).

Le sommeil et l'adoption

On comprend aisément que l'adoption ait un impact émotif important tant chez l'enfant adopté que chez les parents adoptifs. Le sommeil n'est pas épargné. Depuis sa naissance, l'enfant adopté a vécu plusieurs séparations qui sont autant de deuils. Il a dû s'adapter à toutes sortes de changements : séparation de la mère biologique, de l'orphelinat ou de la nounou, de la famille d'accueil, etc. L'enfant adopté a vécu une perte profonde, celle de sa mère biologique, et son sentiment de sécurité en a été fortement ébranlé. Les parents adoptifs ont donc souvent à faire à des enfants plus anxieux. Ces parents ont un rôle très important à jouer dans le développement du sentiment de sécurité et dans l'application des moyens d'autocontrôle pour parvenir à s'endormir seul.

Selon les spécialistes en adoption, il est préférable de répondre aux pleurs des enfants récemment adoptés pour favoriser le développement des liens d'attachement. Ces enfants ont cependant parfois développé des stratégies pour s'endormir seuls (surtout s'ils étaient en orphelinat) ; il est alors indiqué d'encourager le maintien de ces habitudes.

Pour favoriser le développement de l'attachement et des liens affectifs, il est bon d'accompagner l'enfant dans les étapes qui précèdent le coucher. Il faut cependant éviter que l'enfant devienne dépendant du nouveau parent pour s'endormir, puisqu'il a généralement déjà traversé ces étapes. Si le bébé adopté ne semble avoir aucune routine de sommeil et panique lors de la séparation au coucher, le parent devrait attendre quelques mois avant de recourir aux méthodes de sevrage de la présence parentale. Il devrait en outre être sensible aux signes d'attachement et attendre que les liens soient clairement établis.

Il arrive souvent que les enfants adoptés aient des terreurs nocturnes, notamment en raison de l'anxiété secondaire liée aux multiples adaptations qu'ils vivent. Rien ne vous empêche de suivre les conseils de prévention et d'adopter une routine d'endormissement pour favoriser de bonnes habitudes de sommeil (routine de coucher) et consolider l'horloge biologique parfois malmenée par le décalage horaire. La technique de la chaise est tout indiquée dans ces cas pour favoriser le retrait progressif du parent. Le recours à la méthode du calendrier peut aussi, selon l'âge de l'enfant, se révéler très aidant. La valériane (ou autre produit naturel — voir la section *Moyens complémentaires,* à la page 96) peut en outre être très utile chez les enfants qui réagissent mal à la séparation. Un sac de sable (en forme d'animal) déposé sur le thorax ou une couverture lourde (couverture-câlin) peuvent aussi les aider à se sentir plus en sécurité.

Au moment d'intervenir, fiez-vous à votre instinct, à vos émotions et à vos limites face aux pleurs du jeune enfant.

CONCLUSION

Les parents sont ceux qui connaissent le mieux leur enfant et qui sont les mieux placés pour régler ses problèmes de sommeil. Rassurez-vous : les enfants de tous les âges réussissent généralement à réguler leur sommeil sans trop de difficultés.

Il arrive souvent que les parents s'en veuillent de ne pas avoir agi plus rapidement pour régler le problème de sommeil de leur enfant. Or, vous savez maintenant que ces problèmes se règlent plus facilement et réapparaissent moins souvent lorsqu'ils sont traités rapidement. Malgré cela, sachez qu'il y a toujours des solutions. De plus, il est facile de voir venir les rechutes et de les éviter. Les résultats ainsi obtenus sont une réussite et une source de fierté pour l'enfant et pour le parent. Pour l'enfant, si jeune soit-il, c'est souvent une première réussite, un premier défi relevé. Pour le parent, c'est un repos bien mérité et un retour à l'équilibre familial.

Vous ne devez cependant pas hésiter à consulter un spécialiste pour vous aider à améliorer plus rapidement la situation si votre enfant présente un problème de santé particulier.

De nos jours, de nombreux parents manifestent une certaine réticence à laisser pleurer leur enfant à l'heure du coucher et pendant la nuit. Ils comprennent mal que les pleurs sont le seul moyen de communiquer du bébé ou du jeune enfant et ils sont souvent découragés par l'ampleur du problème. Que faire ? Le père et la mère devraient élaborer un plan d'intervention et appliquer chacun leur tour les actions décidées. La situation devrait se rétablir rapidement. Dans le cas contraire, n'hésitez pas à demander de l'aide au médecin, à l'infirmière, à l'éducatrice de la garderie, à un autre parent ou aux grands-parents. Tous les encouragements sont nécessaires pour en arriver, enfin, à mieux dormir.

Après la lecture de cet ouvrage, vous devriez vous sentir mieux outillés pour prévenir et régler les problèmes de sommeil de votre enfant.

Références bibliographiques

1. Anna, M.H. et coll. « Five-Year Follow-up of Harms and Benefits of Behavioral Infant Sleep Intervention : Randomized Trial ». *Pediatrics* 2012 ; 130 (4) : 643-651.

2. Buscemi, N.et M. Witmans. « What Is the Role of Melatonin in the Management of Sleep Disorders in Children ? ». *Pædiatrics and Child Health* 2006 ; 11 (3) : 517-519.

3. Challamel, M.-J. et M. Thirion. *Mon enfant dort mal*. Paris : Pocket, 2005.

4. Comité de la pédiatrie communautaire. *Paediatr Child Health* 2004 ; 9(9):667-72.
www.cps.ca/fr/documents/
positionenvironnements-de-sommeil-securitaires-enfants

5. Ferber, R.A. *Solve Your Child Sleeping Problems*. New York : Simon and Schuster, 2006.

6. Godbout, R., C. Huynh et E. Martello. « Le sommeil et les adolescents ». *Revue québécoise de psychologie* 2010 ; 31(2) : 133-148.

7. Hoban, T.F. « Sleep and its Disorders in Children ». *Seminars in Neurology* 2004 ; 24 (3) : 327-338.

8. Howard, B.J. et J. Wong. « Sleep disorders ». *Pediatrics in Review* 2001 ; 22 (10) : 327-341.

9. MARTEL, M.-J. et I. MILETTE. *Les soins du développement: des soins sur mesure pour le nouveau-né malade ou prématuré.* Montréal: Éditions du CHU Sainte-Justine, 2006.

10. MARTELLO, E. et R. GODBOUT. « Le traitement cognitivo-comportemental des troubles de sommeil chez les enfants et les adolescents ». Dans: Turgeon, L. et S. Parent (éd.). *Intervention cognitivo-comportementale auprès des enfants et des adolescents. Manuel pratique pour les intervenants,* Tome 1. Québec: Presses de l'Université du Québec, 2012, pp. 207-230.

11. MINDELL, J. et J. A. A. OWEN. *Clinical Guide to Pediatric Sleep: Diagnosis and Management of Sleep Problems,* 2nd edition. Philadelphia: Wolters Kluwer Health/Lippincott Williams & Wilkins, 2010: 217.

12. NIEDERHOFER, N. et coll. « Brief Report: Melatonin Facilitates Sleep in Individuals with Mental Retardation and Insomnia ». *Journal of Autism and Developmental Disorders* 2003; 33 (4): 469-471.

13. OIIQ
www.oiiq.org/sites/default/files/uploads/pdf/publications/perspective_infirmieres/2011_vol08_no6/12HIBOU.pdf [consulté en janvier 2015].

14. SPLAINGARD, M. « Sleep Medicine ». *Pediatric Clinics of North America* 2004; 51 (1): xiii-xiv.

15. STORES, G.A. *Clinical Guide to Sleep Disorders in Children and Adolescents.* Cambridge: Cambridge University Press, 2001, 196 p.

Ressources

Livres pour les parents

Brazelton, T.B.et J.D. Sparrow. *Votre enfant et son sommeil.* Paris : Fayard, 2004. 166 p.

Challamel, M-J. et M. Thirion. *Mon enfant dort mal.* Paris : Pocket, 2006. 383 p.

Chicoine, J-F., P. Germain et J. Lemieux. *L'enfant adopté dans le monde (en quinze chapitres et demi).* Montréal : Éditions du CHU Sainte-Justine, 2003. 480 p.

Didierjean-Jouveau, C. *Partager le sommeil de son enfant.* Genève : Jouvence, 2005. 93 p.

Gurney, M. et T. Marshall. *Fais dodo ! Résoudre les troubles du sommeil de la naissance à six ans.* Montréal : Hurtubise HMH, 2006. 160 p.

Martello, Evelyne. *I'm sleeping at Last! My Parents Too…* Montréal: Éditions du CHU Sainte-Justine, 2014, 123 p.

Millpond Children's Sleep Clinic. *Teach Your Child to Sleep : Solving Sleep Problems from Newborn through Childhood.* Octopus, 2012. 288 p.

Nemer-Pier, L. *Cet enfant qui ne dort pas…pour en finir avec les nuits sans sommeil.* Albin Michel, 2013. 192 p.

Nemers-Pier, L. *Moi, la nuit je fais jamais dodo.* Fleurus, 2000. 182 p.

Rufo, M. et C. Schilte. *Élever bébé: bébé dort bien.* Paris: Hachette Pratique, 2004. 126 p.

Solaro, M. *120 astuces pour que bébé fasse ses nuits.* Paris: First (Ma P'tite Famille), 2015. 128 p.

Livres pour les enfants

Bie, L. *Petit Léon est fatigué.* Namur: Mijade, 2004. 12 p. (Petit Léon) - 1 an +

Tremblay, C. *Floup dans le noir.* Montréal: Imagine, 2006. 22 p. - 1 an +

Jolin, D. *Le sommeil perdu.* Saint-Lambert: Dominique et Compagnie, 2006. 24 p. (Toupie et Binou) - 2 ans +

Ashbé, J. *La nuit, on dort!* Paris: L'École des Loisirs, 2004. 33 p. (Pastel) - 3 ans +

Barcelo, F. *Les mains de ma maman.* Montréal: Imagine, 2006.24 p. (Mes premières histoires) - 3 ans +

Bergeron, A.M. *Bon hiver, mon petit ourson chéri!* Waterloo: Michel Quintin, 2004. 32 p. - 3 ans +

Brière, P. *C'est la nuit … drôles de bruits! Un conte à lire avant d'aller au lit.* Laval: Les 400 coups, 1998. 31 p. (Bonhomme sept heures) - 3 ans +

Demers, D. *Tous les soirs du monde.* Montréal: Imagine, 2009. 32 p. - 3 ans +

Gratton, A-A. *C'est l'heure d'aller au lit!* Montréal: Banjo, 2004. 24 p. (Le Raton Laveur) - 3 ans +

Guay, M-L. *Bonne nuit Sacha.* Saint-Lambert: Dominique et Compagnie, 2003. 32 p. (Stella) - 3 ans +

Ross, T. *Je ne veux pas aller au lit*. Paris: Gallimard, 2008. 28 p. - 3 ans +

Tremblay, C. *Bonne nuit Gabou*. Laval: Les 400 coups, 2003. 30 p. (Grimace) - 3 ans +

Barroux, S-Y., *Arthur, va te coucher!* Seuil Jeunesse, 2010. 28 p. - 4 ans +

Féret-Fleury, C. *Je ne trouve pas le sommeil*. Paris: Père Castor Flammarion, 2006. 25 p. (Les albums du Père Castor) - 4 ans +

De Saint Mars, D. *Lili ne veut pas se coucher*. Fribourg: Calligram, 1996. 43 p. (Max et Lili) - 6 ans +

Kochka. *Les petites lumières de la nuit*. Paris: Père Castor Flammarion, 2005. (Castor Benjamin) - 6 ans +

Levert, M. *Les nuits de Rose*. Saint-Lambert: Dominique et Compagnie, 1998. 22 p. - 6 ans +

Neveu, P. *Le sommeil et les rêves*. Mertzig: Zoom, 2006. 32 p. (Atomes crochus) - 6 ans +

Mayer, M. *Il y a un alligator sous mon lit*. Paris: Gallimard Jeunesse, 2002. 24 p. (Folio benjamin) - 7 ans +

Dalloz, D. *À quoi rêvent les enfants?* Paris: Éditions Louis Audibert, 2002. 45 p. (Brins de psycho) - 8 ans +

Ressources sur le web

Martello, Evelyne
www.enfinjedors.com

Pour dépister les problèmes de sommeil
Hibou
http://hrdp.qc.ca/webconcepteurcontent63/000023260000/
upload/godbout/Hibouversionparents_2014-04-

Clinique surspécialisée du sommeil HRDP
Dépliants disponibles sur le site :
Le sommeil de l'autiste
http://hrdp.qc.ca/webconcepteurcontent63/000023260000/
upload/godbout/AUTISTEwebv2.pdf
Le sommeil du TDAH
http://hrdp.qc.ca/webconcepteurcontent63/000023260000/
upload/godbout/sommeilTDAHwebv2.pdf

Cliniques du sommeil pour enfants
HRDP
http://hrdp.qc.ca/webconcepteurcontent63/000023260000/
upload/godbout/SommeilWEB.pdf

CHU Sainte-Justine
www.chu-sainte-justine.org

Le sommeil expliqué aux enfants de 7 à 12 ans
Centre des sciences de Montréal
www.lesommeil.ca

Institut universitaire en santé mentale Douglas
http://www.sleepforkids.org/

How to get your baby to sleep through the night
www.sleepsense.net

Couverture lourde
www.fdmt.ca/catalogue
Cercle de fermières du Québec (catalogne)

Taie d'oreiller ludique et éducative pour aider à aller au lit
www.communication.com/2014/11/10/the-seek-find-pillowcases-from-cmykidz-are-now-available-for-purchase-online/

Conseils et ressources pour la famille
www.mamanpourlavie.com

Site web et magazine sur le développement des enfants
http://naitreetgrandir.com/fr/

Dodo, l'enfant do
Espace parents
http://yoopa.ca/

Groupe Boiron (produits homéopathiques)
www.boiron.com/index_fr.asp

Homéocan 0-9 (produits homéopathiques)
www.homeocan.ca

Clef des champs (produits naturels)
www.clefdeschamps.net

Troubles du sommeil chez l'enfant

Association sommeil et santé

www.sommeilsante.asso.fr/informez/inform_troubles_enfants.html

Fondation Mustela France

www.fondationmustela.com/fr/favoriser-la-prevention/Les-troubles-du-sommeil-chez-l'enfant-de-0-a-5-ans.html

Voyage au Pays de Naréha : musique et contes pour relaxation pour les enfants de 5-10 ans [Cédérom]

www.raccourcis-vers-le-bonheur.com

Organismes d'aide

AU QUÉBEC

Éducation coup-de-fil

Téléphone : (514) 525-2573
Fax : (514) 525-2576
Courriel : ecf@bellnet.ca

www.education-coup-de-fil.com

Service de consultation professionnelle téléphonique gratuit, confidentiel et anonyme. Pour aider les parents à solutionner les difficultés courantes auxquelles ils sont confrontés.

Fondation sommeil

Soutien et référence : 1 888 622-3901 (sans frais du Canada et des États-Unis) ou 514 522-3901 (Montréal).

Également : conférences, animations, séances d'information et de partage.

http://fondationsommeil.com/

La Ligne Parents

Téléphone sans frais : 1-800-361-5085

Intervention et soutien téléphonique pour les parents d'enfants de 0 à 18 ans, 24 heures par jour, 7 jours par semaine. Gratuit, confidentiel et anonyme.

Service en adoption internationale

CSSS Jeanne-Mance
Installation CLSC du Plateau-Mont-Royal
514 521-1320, poste 6232 ou 6563

Soutien individuel et groupe de soutien pré et postadoption

En France

École des parents et des éducateurs - Fédération nationale
Coordonnées par département
www.ecoledesparents.org/epe/index.html

En Belgique

Allô Info-Familles
Téléphone : 02 513 11 11
www.alloinfofamilles.be

École des parents et des éducateurs
www.ecoledesparents.be/aif.html?menu=106

Au Luxembourg

Services de guidance de l'enfance/Kanner Jugendtelefon
Téléphones :
116 111 (écoute jeunes)
26 64 05 55 (écoute parents)
https://www.kjt.lu/fr/

En Suisse

École des parents
www.lausannefamille.ch/ecoledesparents

Fédération suisse pour la formation des parents FSFP
Formation des Parents CH
Avenue de Rumine 2
1005 Lausanne
Téléphone : 021 341 93 23
Courriel : fsfparents@gmail.com
www.formation-des-parents.ch